Cibercultura

SERVIÇO À PASTORAL DA COMUNICAÇÃO

COLEÇÃO PASTORAL DA COMUNICAÇÃO: TEORIA E PRÁTICA

A. *Série Manuais* (aplica, na prática, os conteúdos laboratoriais realizados no Sepac)
   1. Rádio: a arte de falar e ouvir (Laboratório)
   2. Jornal impresso: da forma ao discurso (Laboratório)
   3. Publicidade: a criatividade na teoria e na prática (Laboratório)
   4. Teatro em comunidade (Laboratório)
   5. Internet: a porta de entrada para a comunidade do conhecimento (Laboratório)
   6. Oratória: técnicas para falar em público (Laboratório)
   7. Espiritualidade: consciência do corpo na comunicação (Laboratório)
   8. Vídeo: da emoção à razão (Laboratório)

B. *Série Dinamizando a comunicação* (reaviva, sobretudo nas paróquias, a Pastoral da Comunicação para formar agentes comunicadores)
   1. Dia Mundial das Comunicações Sociais – Maria Alba Vega
   2. Comunicação e liturgia na comunidade e na mídia – Helena Corazza
   3. Comunicação e família – Ivonete Kurten
   4. Pastoral da Comunicação: diálogo entre fé e cultura – Joana T. Puntel e Helena Corazza
   5. Homilia: a comunicação da Palavra – Enio José Rigo

   Em preparação:
   - Comunicação e catequese
   - Comunicação e os jovens
   - Comunicação e as crianças

C. *Série Comunicação e cultura* (oferece suporte cultural para o aprofundamento de temas comunicacionais)
   1. Cultura midiática e Igreja: uma nova ambiência – Joana T. Puntel
   2. Comunicação eclesial: utopia e realidade – José Marques de Melo
   3. INFOtenimento: informação + entretenimento no jornalismo – Fabia Angélica Dejavite
   4. Jovens na cena metropolitana: percepções, narrativas e modos de comunicação – Silvia H. S. Borelli, Rose de Melo Rocha e Rita de Cássia Alves Oliveira
   5. Recepção mediática e espaço público: novos olhares – Mauro Wilton de Sousa
   6. Manipulação da linguagem e linguagem da manipulação – Claudinei Jair Lopes
   7. Cibercultura: sob o olhar dos Estudos Culturais – Rovilson Robbi Britto

Rovilson Robbi Britto

Cibercultura

Sob o olhar dos Estudos Culturais

Dados Internacionais de Catalogação na Publicação (CIP)
(Câmara Brasileira do Livro, SP, Brasil)

> Britto, Rovilson Robbi
> Cibercultura : sob o olhar dos estudos culturais / Rovilson Robbi Britto.
> — São Paulo : Paulinas, 2009. — (Coleção pastoral da comunicação: teoria e prática. Série comunicação e cultura)
>
> Bibliografia.
> ISBN 978-85-356-2505-9
>
> 1. Cibernética 2. Civilização 3. Comunicação 4. Cultura 5. Velocidade I. Título. II. Série.
>
> 09-08317   CDD-303.4833

Índice para catálogo sistemático:
1. Cibercultura : Sociologia 303.4833

Direção-geral:
Flávia Reginatto

Editora responsável:
Luzia M. de Oliveira Sena

Assistente de edição:
Andréia Schweitzer

Copidesque:
Denílson Luís dos Santos Moreira

Coordenação de revisão:
Marina Mendonça

Revisão:
Sandra Sinzato

Direção de arte:
Irma Cipriani

Gerente de produção:
Felício Calegaro Neto

Capa e diagramação:
Telma Custódio

Nenhuma parte desta obra poderá ser reproduzida ou transmitida por qualquer forma e/ou quaisquer meios (eletrônico ou mecânico, incluindo fotocópia e gravação) ou arquivada em qualquer sistema ou banco de dados sem permissão escrita da Editora. Direitos reservados.

Paulinas
Rua Dona Inácia Uchoa, 62
04110-020 – São Paulo – SP (Brasil)
Tel.: (11) 2125-3549 – Fax: (11) 2125-3548
http://www.paulinas.org.br – editora@paulinas.com.br
Telemarketing e SAC: 0800-7010081

© Pia Sociedade Filhas de São Paulo – São Paulo, 2009

Serviço à Pastoral da Comunicação (SEPAC)
Rua Dona Inácia Uchoa, 62
04110-020 – São Paulo – SP (Brasil)
Tel.: (11) 2125-3540
http://www.sepac.org.br – sepac@paulinas.com.br

*Para minha Mãe Zulmira,
pela vida e permanente carinho.
Para as minhas filhas Gabriela e Carmem,
pela felicidade que me trouxeram.*

Agradecimento

A realização deste trabalho só foi possível graças à colaboração direta ou indireta de muitas pessoas. Manifesto minha gratidão a todas elas, em especial: a Fabiana Carmem Schott Ribeiro, pela paciência, apoio e carinho que me dedicou nesta trajetória; aos membros da banca do meu doutoramento, Elisabeth Nicolau Saad Corrêa, Roseli Aparecida Fígaro Paulino e Luis Antonio Signates; a Joana Terezinha Puntel que, além de fazer parte da banca, foi uma amiga e incentivadora decidida para que este livro existisse; por fim, a Mauro Wilton de Sousa, amigo para apoiar, intelectual lúcido para contribuir, acima de tudo uma pessoa especial que me fez entender melhor o sentido de compartilhar desafios.

Sumário

APRESENTAÇÃO 11
INTRODUÇÃO 15

Capítulo 1 – TRAÇOS CENTRAIS DA CULTURA
CONTEMPORÂNEA..21
    Contradição exposta...23
    Racionalidade e irracionalidade..24
    Espaço global e local 27
    Os tempos divergentes..28
    Identidade e identificações 30
    Ciência e narrativa..32
    Comunidade e "tribos" 34
    A ideia de projeto e o aqui e agora 36

Capítulo 2 – GÊNESE DOS ESTUDOS CULTURAIS......................39
    Campo amplo de pesquisa 42

Capítulo 3 – ESTUDOS CULTURAIS INGLESES –
RAYMOND WILLIAMS 45
    Cultura e Sociedade 45
    Marxismo e Literatura..52

Capítulo 4 – ESTUDOS CULTURAIS INGLESES –
STUART HALL 61
    O problema da ideologia – O marxismo sem garantias...............61
    A questão da identidade cultural 67

Capítulo 5 – ESTUDOS CULTURAIS NA AMÉRICA LATINA –
CANCLINI E MARTÍN-BARBERO 75
    Culturas híbridas..75

A globalização imaginada 81
Dos meios às mediações 87

Capítulo 6 – ESTUDOS CULTURAIS – OPÇÕES DE ANÁLISE 95
Cultura 97
Análise crítica da metáfora infra/superestrutura 100
Ideologia 101
Hegemonia e poder 104
Classe e luta de classes 106
Real cotidiano e real midiático 108
Meios e mediações 113
Hibridismo e mestiçagem 117

Capítulo 7 – A CONTRIBUIÇÃO DOS ESTUDOS CULTURAIS NA ANÁLISE DA COMUNICAÇÃO DE MASSA 119
Contextos e paradigmas dos estudos de comunicação – funcionalismo e teoria crítica 119
A contribuição dos Estudos Culturais 126

Capítulo 8 – BREVE HISTÓRICO DO CIBERESPAÇO 129
Primórdios 129
Internet – Surgimento e expansão 131
A digitalização do simbólico 134

Capítulo 9 – A VISÃO DE CIBERCULTURA DOMINANTE – PIERRE LÉVY 139
Reunificação da humanidade 139
O ciberespaço 141
O virtual 142
Inteligência coletiva 143
Comunicação todos-todos 144
Sociologia do amor 146
Problematizando os conceitos básicos de Lévy 148
A rejeição da crítica 150

Sociologia do amor e credo epistemológico 151
A visão de cultura 151
A cibercultura 153
Problematizando a visão de cibercultura 157
A cultura idealista de Lévy 157
O todo e a parte 161
Uma determinação fora da sociedade 162
Coletivos inteligentes e comunidades virtuais 163

Capítulo 10 – A SOCIABILIDADE CONTEMPORÂNEA E O CIBERESPAÇO 165
A visão de uma cultura particular – A cibercultura 167

Capítulo 11 – UMA LEITURA DA CIBERCULTURA A PARTIR DOS ESTUDOS CULTURAIS 171
Cultura e cibercultura 171
Cibercultura 172
Novos valores, costumes e hábitos 172
Apropriações diferenciadas 173
A nova dimensão 174
A técnica como abertura de possibilidade 174
Cibercultura e ideologia 176
Cibercultura, hegemonia e poder 178
Cibercultura, real midiático e real cotidiano 179
Cibercultura e mediações 180
Cibercultura e hibridismo 181
Cibercultura e contradições da sociedade contemporânea 183

CONCLUSÃO 185
BIBLIOGRAFIA 189

Apresentação

A relação entre indivíduo e sociedade é um tema permanente. É instigante porque ao se repetir ao longo da história ele se torna um desafio contemporâneo, de hoje e de cada dia. Mais do que um objeto longamente sendo trabalhado pelo conhecimento humano, filosófico e científico, ele é o cerne da própria história, é o fio condutor de uma busca que tem perpassado o tempo e o espaço. E, como tal, envolve em si mesmo as múltiplas condições históricas de sua mutação, tornando-se uma questão como que em aberto, desafiando o próprio conhecimento que se acumula a seu respeito.

Assim, não é de estranhar que o processo da comunicação humana e social permeie uma trajetória semelhante. De tão inerente ao ser humano a comunicação é por derivação e necessidade também o meio social onde se dá e se constitui também como história.

Não é igualmente de estranhar como valores e símbolos que alimentam a experiência da vida cotidiana, espaço e tempo da cultura, não se engessem; ao contrário, refletem igualmente esse mesmo dinâmico contexto de práticas de vida individual e coletiva, bem como as contradições que o envolvem.

O indivíduo em relação é, pois, necessariamente histórico, abrange cooperação e competição, descarta a neutralidade e exige o conflito, e por isso mesmo está em processos de mutação tanto quanto a sociedade na qual se insere, o que propicia que o conhecimento acumulado a seu respeito se torne também um conhecimento em trânsito, nunca finalizado, mas que necessariamente sinaliza sobre como o homem e o meio se organizam e se estruturam em tempo e espaços dados.

O presente livro de Rovilson Britto se insere nessa dupla mediação entre homem e sociedade quando identifica aspectos que desde a tecnologia e a cultura oferecem um cenário contemporâneo em mutação no campo da comunicação, quer em suas práticas, quer em sua compreensão, e se propõe a uma análise crítica a respeito. Já pelo título de seu trabalho essa relação crítica se deixa entrever tanto quanto na sua análise das questões que hoje envolvem essa presença da tecnologia e da cultura.

Na verdade, em especial a partir do século passado, a relação entre tecnologia e sociedade permeia intensamente os debates desde a filosofia e a ciência, não mais só na esfera da produção material, mas de sua significação na construção das práticas de vida, do pensamento, da subjetividade e do imaginário, campos em que também se inserem a comunicação e a cultura. O contexto histórico de desenvolvimento da tecnologia na simultaneidade de configuração da moderna sociedade urbano-industrial, aliado ao significado de um sistema socioeconômico definido desde o capitalismo, imputou-lhe uma necessária vinculação ao discurso sistêmico no qual historicamente se insere, razão de um determinismo que muitas vezes lhe é atribuído. Entende-se, pois, o porquê do desenvolvimento das condições de produção da vida material e simbólica nesse contexto ser denominado, desde há algum tempo, como relacionado à Modernidade capitalista, suas dinâmicas e contradições.

Entende-se, ainda, porque o processo de comunicação mediado por tecnologias de longo alcance social, e que marcou esse mesmo período histórico de emergência da sociedade urbano industrial, expresse sempre interpretações que associem técnicas e veículos de informação e comunicação, bem como práticas culturais e seus valores e símbolos a esse mesmo cenário de múltiplas influências da racionalidade da Modernidade capitalista.

Ao longo de onze diferentes ensaios distribuídos sob a forma de capítulos e que nem sempre se sucedem numa sequência temática linear, o livro de Rovilson Britto consegue aproximar o tema mais amplo da relação entre tecnologia e cultura em comunicação de forma atual e inovadora. Isso se dá quando resgata diferentes aspectos conceituais e teóricos do acervo interpretativo do que se denomina "Estudos Culturais", uma tradição de estudos que desde o século passado vem se desenvolvendo, inclusive no Brasil e na América Latina, e que é exaustivamente o cerne de sua reflexão, e o coloca na análise da configuração que tem assumido o que se de denomina Cibercultura e de sua significação na vida atual. Atente-se, pois, para o fato de que as referências conceituais e teóricas advindas dos Estudos Culturais surgiram e se desenvolveram no contexto de análise da comunicação social, também chamada de massiva, mas tomam significado inovador quando se voltam agora, como neste livro, também para a análise da Cibercultura.

Esses traços que marcam a oportunidade da presente obra e de seu objeto são ainda complementados pela metodologia de sua construção e pela linguagem de que se serve. Os Estudos Culturais não são um corpo único de ideias e posturas, nem se resumem a um autor único a qualificá-los. As diferentes vertentes que tem assumido ao longo dos anos recentes têm igualmente manifestado nomes e tendências diversas.

Rovilson Britto consegue trabalhar essas diferenças temáticas e suas nuances interpretativas apontando-as e qualificando-as em seus principais autores como Raymond Willians e autores que na tradição latino-americana se despontam como Jesús Martín-Barbero e Néstor Canclini. No que se refere ao Ciberespaço, detalha aspectos do pensamento de Levy e aponta criticamente sobre a sua contribuição.

Uma postura interpretativa assumida desde as primeiras páginas no compartilhamento do materialismo histórico dialético confere ao autor e a seu texto um tom também pessoal e que marca a sua crítica e a sua linguagem. Períodos curtos e objetivos, sempre opinativos, nem sempre buscando se apoiar nas formas tradicionais de referência e comparação acadêmica de autores e obras, faz com que o leitor se depare com um texto de linguagem acessível, ocultando uma densidade teórica para além de um bom número de conceitos e posturas comentados como que em uma narrativa despretensiosa.

O que aqui se denomina de apresentação da obra é na verdade um convite para a leitura do presente trabalho, com atenção para a oportunidade do tema escolhido e a qualidade da análise crítica que o envolve, qualidade essa que se reporta necessariamente à seriedade e competência de seu jovem autor.

Mauro Wilton de Sousa
Professor e pesquisador
Escola de Comunicação e Artes da
Universidade de São Paulo (ECA-USP).

Introdução

Mudança. Esta é a marca maior e distintiva da realidade atual. Claro que mudanças sempre deram sentido à história humana. Mas o período que vivemos tem particular aceleração e generalização das mudanças, o que o torna complexo e desafiador para a análise.

As mudanças das quais falamos atuam em todas as dimensões da realidade e geram novas formas de sociabilidade, novos nexos de pertencimento, novas exclusões e articulações sociais. São mudanças estruturais e conjunturais, objetivas e subjetivas.

As mudanças às quais nos reportamos localizam-se, em parte, na realidade objetiva. No campo da economia, ocorreram transformações na forma da produção, da circulação e da acumulação, sem falar na questão da dimensão global da produção e do mercado.

Sem prejuízo de uma análise mais totalizante, queremos registrar duas linhas de força que concorrem para estas mudanças. A primeira e decisiva é a transformação da ciência, de maneira acelerada e permanente, em novas tecnologias de produção. O conhecimento especializado tornou-se insumo decisivo para impulsionar o processo produtivo e passou a consumir vastas somas de recursos para se tornar viável.

As novas tecnologias, identificadas com a microeletrônica e a biotecnologia, transformaram a centralidade da indústria de pesada em leve, alteraram o padrão de consumo de matéria-prima e transformaram a experiência produtiva de altos fornos para uma produção mais fria e leve. Resultado estrutural dessas mudanças é a grande substituição da mão de obra por máquinas, gerando não um exército de reserva, como afirmavam as análises clássicas, mas um exército de pessoas que são, para a lógica do sistema, dispensáveis para sua dinâmica de produção e reprodução.

O segundo elemento são as novas formas de gerenciamento da produção. Técnicas avançadas de reengenharia buscam criar unidades produtivas menores, mais autônomas e flexíveis. Alteram os padrões de relacionamento com os trabalhadores. No fordismo, buscava-se adestrar o trabalhador e controlar sua força física. Na atualidade, através de ações motivacionais, de incentivos de qualidade e rendimento, busca-se ganhar a própria alma do trabalhador, fazendo com que se sinta corresponsável pelo "sucesso" da empresa.

Essas duas linhas de força atuam dentro de um cenário mais amplo, no qual o traço distintivo é o da internacionalização do capital e, principalmente, de sua financeirização. O mercado e a produção ampliaram seus circuitos para a escala global, é verdade, mas a internacionalização mais intensa e decisiva foi a do mercado financeiro, que estabeleceu um novo padrão de acumulação global.

Nesse cenário, ocorre concretamente um nível maior e mais intenso de integração entre países e povos através da economia, mas também da informação e da cultura.

Um sistema de transporte rápido e desenvolvido de produtos e pessoas, combinado com um setor de comunicação altamente integrado e com capacidade de divulgação simultânea dos fatos, faz com que as distâncias entre realidades nacionais e sociais distintas ao menos pareçam menores e possam interagir de maneira mais permanente.

Alimentada por essas mudanças e por processos complexos de sua própria constituição, também no campo da subjetividade ocorrem transformações fundamentais.

A vida social, que já teve na comunidade sua referência quase única, agora convive com a dimensão do local, do regional, do nacional e do global, num processo intenso de troca simbólica, constituindo novas concepções de sociabilidade, de valores. Esse processo se dá através de conflitos e tensões, de destruição e reconfiguração dos referenciais.

Enganam-se os que veem esse processo como uma integração em que os interesses das diferentes regiões, nações e classes são levados em conta. A globalização que vivenciamos em nada se aproxima de um processo universalista democrático e de inclusão, muito pelo contrário. É uma globalização verticalizada, pilotada a partir de um centro hegemônico, centro que hoje se constitui como império unipolar, perigoso e agressivo.

Assistimos a uma avalanche de informações que circulam intensamente através da comunicação de massa, mas que não são plurais socialmente e têm em sua referência um número reduzido de emissores.

Apesar de muita informação, um conhecimento com capacidade de crítica vai sendo cada vez mais afastado e fragmentado.

Para opinar e posicionar-se diante dos problemas sociais, a mídia passa a exigir qualificações técnicas ou acadêmicas, deslegitimando a capacidade de qualquer cidadão de interferir nas contendas sociais.

No que pese as pessoas buscarem sempre um processo de sociabilidade, existem forças que interferem na realidade, promovendo a fragmentação social, restringindo e tornando superficiais os laços de sociabilidade. Dentro desse processo, classes, setores e grupos sociais se refazem e passam a exigir novas leituras e análises.

No âmbito da política, existe um enfraquecimento do modelo vigente. A chamada democracia ocidental, transformada em fórmula única de democracia, justamente quando reina como modelo, revela suas fragilidades. O fato é que cada vez mais o poder se desloca das instituições públicas da democracia para se alojar em mecanismos controladores da economia e da comunicação. Assim, o Estado Nacional continua a desempenhar um papel, mas hoje mais relativo e limitado.

Diante de tal soma de mudanças, a questão da cultura é temática complexa e fundamental para o entendimento da sociedade. Cultura aqui entendida a partir do pensamento de Raymond Williams, sem prejuízo de outras definições, como o complexo de valores, costumes, crenças e práticas que constituem o modo de vida de um grupo específico.

A constituição do cultural é cada vez mais complexa; são inúmeras as variáveis intervenientes exigindo permanente troca, reflexão, negociação.

Uma de suas dimensões, a da Indústria Cultural, outrora referenciada na lógica nacional, ganha proporções globais e está controlada por um pequeno número de grandes corporações que dominam a produção audiovisual para o cinema e a TV, o mercado de música, as grandes publicações, a produção de livros, o entretenimento, o espetáculo, a informação, a alimentação e a moda. Em função disso, as culturas locais vão sofrendo pressão avassaladora dessa produção simbólica global que é, em boa parte, baseada no modo de vida norte-americano.

Outra dimensão importante, a do cotidiano, vai tecendo seus valores muitas vezes em contradição com este real midiático da Indústria Cultural. O real cotidiano contém os conflitos e os produtos do sistema que vivemos. Fome, miséria, exclusão, violência de um lado, mas também cooperação, companheirismo, valorização do trabalho, do outro.

A tensão entre essas duas realidades que se relacionam e se alimentam, mas que possuem seus conflitos e diferenças, é uma referência do que podemos chamar cultura na atualidade. Essas contradições entre cultura vivida e compartilhada no cotidiano e a cultura global, que nos chega especialmente através das mídias tradicionais, formatada e hegemônica, estabelecem constantes tensões. Há trocas sim, mas há, antes de tudo, estranhamento, descompasso, desconforto, questionamento de identidade.

Como se constitui a cultura nesse novo momento em que local, regional, nacional e global têm intenso relacionamento e contradições? Como se constitui a cultura num momento em que se apresentam leituras díspares como as feitas pelos pensadores da Modernidade e Pós-Modernidade? Como se constitui a cultura no relacionamento intenso de seu cotidiano com toda a parafernália comunicacional dos tempos atuais?

São perguntas que estão a desafiar aqueles que procuram produzir conhecimento no campo das ciências humanas. É verdade que buscar entender este novo quadro com tamanho nível de mutação faz do conhecimento produzido bastante instável. Porém, talvez seja assim todo o conhecimento possível daqui por diante.

A sociedade que emerge dessas mudanças possui sim linhas de forças gerais que têm permitido a elaboração de conceitos que desvendam elementos centrais de sua constituição.

Nosso objetivo nesta obra é perseguir um referencial teórico que busque exatamente desvendar as linhas de força desta realidade cultural contemporânea, de maneira que possamos produzir conhecimento sobre ela. Além disso, procuramos fazer análise de uma parte importante da cultura atual: a cibercultura, que se manifesta no âmbito do chamado ciberespaço e que é elemento de renovação acelerada da forma de relações de milhões de seres pelo planeta afora.

Portanto, nosso trabalho se constitui num esforço de, a partir dos Estudos Culturais, que já deram contribuição decisiva e fundamental na leitura das mídias de massa, buscar entender também a comunicação que se realiza nos marcos das novas tecnologias, em especial a que constitui a cibercultura.

A opção pelos Estudos Culturais se dá por suas raízes marxistas e pelo vigor que têm demonstrado, em especial na sua versão inglesa, para fazerem uma leitura menos determinista e mais multilateral dos fenômenos que envolvem a constituição da subjetividade, abrindo espaço para entendermos nas práticas culturais e no cotidiano como se dão os embates e debates entre diferenças e conflitos de classe, gênero, grupos etc.

Procuramos estudar especialmente a cultura que se manifesta no ciberespaço e sua interação com a constituição da subjetividade na atualidade. Essa cultura que surge da confluência de fatores históricos, sociais e encontra manifestação através de novas tecnologias, cultura que crescentemente dialoga com as outras dimensões do social e que vai nessa interação transformando e sendo transformada. São fluxos de produtos simbólicos e de pessoas, criando uma troca intensa.

Os traços técnicos renovam possibilidades, interferem e alteram também a cultura, mas não como determinação e sim como possibilidade, como oferta de alternativa.

Este é o desafio a que nos propomos, esperando que as limitações desta obra, além de ser motivo de desculpas deste autor, sirvam de incentivo para o desenvolvimento do tema por outros colegas.

Capítulo 1
Traços centrais da cultura contemporânea

A discussão sobre a realidade contemporânea e a cultura nela existente motiva inúmeros debates e está no centro deste esforço analítico que procuraremos realizar aqui. Daremos ênfase ao tema, bem como identificaremos os traços fundamentais que configuram a realidade com a qual nos deparamos.

É preciso registrar, de início, que existe uma contenda nos campos teórico, político e filosófico, que pode ser expresso de maneira empobrecida pela disputa Modernidade/Pós-Modernidade, na tentativa de definir o tempo, o momento histórico pelo qual estamos passando.

Ao longo da história os homens buscaram, a partir da análise da realidade em suas múltiplas facetas, encontrar conceitos que dessem conta de auxiliar na compreensão da especificidade de períodos mais largos. Esses conceitos precisavam dar conta de enfeixar desde os elementos objetivos como as condições das forças produtivas, até o que podemos chamar de o "espírito da época". É dentro desse esforço de definição, de aproximação com a realidade, que foram propostos conceitos para auxiliar o entendimento de dado período.

Assim foi com a definição da Modernidade, do modernismo e da modernização, que conseguiram enfeixar desde o processo de evolução material e econômica representada pela industrialização; processos políticos vinculados à constituição de Estados nacionais e a modelos de democracia; movimentos inovadores no campo das artes; concepções de mundo dominantes.

No entanto, hoje passamos a conviver com um dado número de definições do período em que vivemos, que, em vez de nos auxiliarem para uma aproximação com a realidade, têm sido elemento de maior dificuldade desse processo.

Desde a defesa da Modernidade (Habermas, entre outros); Pós-Modernidade (Lyotard, Maffesoli, Baudrillard, entre outros); condição Pós-Moderna (Harvey); Pós-Modernismo (Jameson); alta Modernidade (Chauí); Modernidade tardia (Hall); Modernidade líquida (Bauman); até definições menos abrangentes, mas importantes, como sociedade pós-industrial ou sociedade do conhecimento, revelam que as leituras do processo que vivemos são, no mínimo, altamente polêmicas.

Diante dessa miríade de leituras e definições, escapa-nos a capacidade de leitura da realidade complexa. Cada leitura dá ênfase às parcialidades, às vezes até justificadas teoricamente por seus proponentes, por afirmarem a impossibilidade da busca de uma visão mais totalizante. No entanto, a busca de um conceito para a definição de um período tem em si um esforço de síntese de uma totalidade.

Como as divergências são imensas, cabe-nos ao menos tentar, ainda sem a condição de síntese conceitual, analisar os traços fundamentais dessa realidade.

A definição de configuração social moderna ou pós-moderna é essencialmente uma operação teórica, um esforço em identificar os traços fundamentais que dão identidade à sociedade contemporânea. Ela deve servir como uma referência do tempo histórico, não como a substituição ou enquadramento da realidade.

Um traço fundamental da configuração social contemporânea é a contradição. E é este traço que em boa parte permite que vários teóricos descrevam de maneira correta aspectos da realidade objetiva ou da subjetividade e cheguem a conclusões aparentemente excludentes.

Por isso, sem entendermos que a atual configuração traz dentro de si traços de identidade conflitantes, seremos obrigados a definir uma meia identidade de nossa sociedade atual.

As tensões racionalidade/irracionalidade, integração/fragmentação, centramento/descentramento, presença/ausência, local/global, sujeito/sociedade, entre outras, são as que movem a sociedade contemporânea. Se nos apegarmos somente a um dos termos, estaremos fraturando a identidade na atualidade.

Um elemento importante da identificação da realidade é como as tensões se apresentam em nosso tempo. Os esforços realizados por vários teóricos procuram exatamente compreender como se manifestam termos ou tensões. Se não nos prendermos à definição de Modernidade e Pós-Modernidade ou à unilateralidade dos fenômenos, poderemos nos aproximar mais da realidade.

Contradição exposta

Desenvolveu-se largamente dentro da própria tradição moderna uma visão de sociedade harmônica, sem contradições e conflitos ou estes sendo vistos como anomalia e exceção. Em oposição a essa visão, apresentou-se também um campo que via no conflito e nas contradições a própria essência da evolução dos processos sociais. Importante repor esta questão, pois senão pode parecer que a definição de uma sociedade contraditória e conflitiva é somente fruto de reflexões atuais, o que não é verdade. Marx afirmava que a sociedade moderna é exatamente um constante processo de mudanças advindas de conflitos e contradições.

Pois bem, se essas contradições e conflitos já existiam antes, por que vamos agora destacá-los para definir a sociedade contemporânea?

A resposta provisória é a de que elementos centrais da constituição da sociedade no período anterior, a despeito de terem os conflitos e as contradições, tinham linhas hegemônicas dentro do conflito mais estáveis e estabelecidas, o que não é, ao que nos parece, a realidade atual.

Nessa sociedade do conflito, contradições polares assumem dimensões de maior tensão e combinação, gerando uma realidade que está à espera de um desfecho, uma realidade de crise que pode gerar, em sua solução, ao menos por um tempo, novas hegemonias nos conflitos e nas contradições.

Essas polarizações parecem se constituir como referência clara de que estamos numa fase de definição, de transição, de mudanças que ainda não têm claro seu porto seguro, sua expectativa de chegada. Diante dessa realidade, nosso esforço deve ser o de desmistificar a ideia de que já vivemos num novo equilíbrio, tanto quanto a ideia oposta de que tudo está como antes. Estamos exatamente no centro de uma crise de modelo de civilização, de paradigmas, de referências. Entender isso, sem temor ou deslumbramento, é passo decisivo para dar nossa contribuição ao debate em curso.

Uma pergunta que resulta da afirmação anterior e que é decisiva emerge: podemos então definir, tipificar, analisar cultura dentro desse turbilhão? Que papel e validade tem um esforço desse tipo?

Nossa resposta é positiva. Entender a cultura dentro do conflito existente é entender a forma manifesta do próprio conflito, além de identificar os campos em contenda e as possibilidades de desfecho. Em nossa opinião, o conhecimento pode e deve atuar no conflito como elemento que, ao lançar luzes sobre a essência dos processos, pode auxiliar determinadas forças sociais e polos do conflito a se desenvolverem.

Portanto, não só é válido como extremamente necessário que possamos ao menos entender os termos em que a cultura participa, manifesta e expressa esses conflitos. E mais. Estamos falando de conflitos de grandes dimensões, de padrões e paradigmas que não serão resolvidos num curto espaço de tempo. Vão marcar um período importante e decisivo. A alternativa ao empreendermos esta análise seria a apatia, a espera de estabilidades para, num ambiente menos nublado e tenso, fazermos um trabalho mais "tranquilo".

Não buscamos síntese para a definição. Apenas apontamos dois traços fundamentais da realidade: a tensão elevada entre contradições e conflitos importantes que precisarão de desfecho, e, derivada disso, a consciência de que é um momento de transição, de mudanças, de instabilidade.

Partindo dessas duas premissas, analisaremos alguns desses conflitos e contradições para demonstrar que existem leituras parciais; de que formas manifestam-se essas disputas e as possibilidades de desfecho não como solução, mas como nova estabilidade. Os temas foram escolhidos pela relevância que têm para a configuração social e para a cultura.

Racionalidade e irracionalidade

Uma das características destacadas do que se convencionou chamar Modernidade foi e é o papel central da racionalidade humana nas relações sociais e em seu projeto de sociedade, que emergiu após um longo domínio religioso registrado na Idade Média, baseado no teocentrismo e na "revelação" como caminho da realização humana.

Portanto, a valorização do conhecimento, o deslocamento do pensamento religioso do centro estruturador da sociedade e sua substituição pelo homem como agente central dos destinos sociais e de sua capacidade de racionalização como emancipadora e estruturadora da nova sociedade são a marca fundamental e inaugural da Modernidade.

No entanto, essa racionalidade unânime no momento de sua emergência entre os setores que desejavam enterrar o modelo da sociedade da Idade Média e erguer em seu lugar uma nova construção social foi aos poucos ganhando contornos conflitivos entre uma racionalidade "administrativa" e uma racionalidade "humanista". Uma fratura tênue de início, mas que foi se ampliando e chegou a uma realidade de polarização.

Foram os expoentes da Escola de Frankfurt que registraram com mais clareza essa fratura e apontaram a existência de uma racionalidade funcionalista e de outra com sentido de esclarecimento.

Porém, a sociedade moderna é, por excelência, a sociedade capitalista e nela convivem uma profunda racionalidade sistêmica com uma irracionalidade destrutiva que é inerente ao capitalismo.

É preciso mencionar que, na relação das estruturas políticas com a população, o incentivo à racionalidade foi deixado de lado desde cedo e impera hoje, com traços gritantes, o apelo aberto ao emocional.

Portanto, quando se acentua a crise do modelo civilizatório moderno, este seu pilar fundamental é duramente questionado, não propriamente num elogio à irracionalidade, mas, de forma diversionista, com um elogio de que a sociedade deveria se basear mais em emoções do que em racionalizações que se teriam revelado como farsas construídas pelo sistema.

Portanto, a racionalidade que impera na constituição de um sistema cada vez mais integrado e extenso em termos globais é a mesma que faz o elogio à emoção como forma de viver o social e seus desafios. Poderíamos discorrer então longamente sobre como a racionalidade sistêmica está presente e impregnada na lógica mesma do social contemporâneo, e seria certamente um trabalho com vasta base de exemplificação na realidade.

Por outro lado e da mesma forma, poderíamos fazer o mesmo trabalho se nos referenciássemos na irracionalidade ou na emotividade como traço das formas relacionais entre indivíduo e sociedade.

Em ambos os relatos estaríamos corretos, mas não completamente, pois estaríamos iluminando somente um lado da verdade da tensão entre racionalidade e irracionalidade e/ou emotividade. O fato é que essas dimensões existem e cumprem papel decisivo na atualidade, às vezes como complemento, porém na maior parte do tempo como tensão de duas formas de encarar as demandas impostas pelos tempos atuais.

Até porque os termos racionalidade/irracionalidade guardam certo sentido de exclusão, o que não podemos afirmar claramente na relação racionalidade/emotividade, que possuem tensões, mas que, combinados adequadamente, não se excluem.

No entanto, é inescapável que tenhamos de nos confrontar com a ideia, defendida por alguns dos pós-modernos, de que a racionalidade toda já foi produzida com um sentido de aprisionamento e com desígnio de estabelecer uma crença ilusória na capacidade explicativa e projetiva que a racionalidade humana poderia ter. E o questionamento a se fazer imediatamente após esse registro é então: O caminho proposto seria o de romper completamente com toda e qualquer racionalidade? O que resultaria como processo social dessa proposição?

A resposta é que em momento algum o sistema cogita romper com sua vasta capacidade de domínio através da racionalidade sistêmica altamente desenvolvida. Portanto, a pregação da irracionalidade contra o sistema seria, no mínimo, cumprir um papel que o mesmo impulsiona: deixar a racionalidade ter como único refúgio as lógicas de estruturação, produção e reprodução do social e, na ambiência social, incentivar que as pessoas comportem-se pelo emocional ou, aí sim, com traço de negatividade, pela irracionalidade.

Todavia, a pergunta poderia ser oposta. Como continuar a conviver no âmbito da racionalidade moderna, se foi ela quem estruturou esta sociedade nos termos atuais, tão degradada e pouco humana?

Uma resposta com nitidez a este questionamento não é simples, revelando, portanto, que o conflito é real. Poderíamos arriscar a afirmação de que seria necessária uma ruptura com a racionalidade sistêmica, buscando um outro tipo de racionalidade, questionadora, humanista, renovada. Uma racionalidade que não fosse contraponto à emotividade, mas que com ela se relacionasse como dimensões distintas e unidas na realidade das pessoas e nas suas vivências.

A compreensão acerca dos fatos é de que, se prevalecer em toda a linha a ideia de ruptura com toda e qualquer racionalidade, não estaremos nos libertando, como afirmam teóricos da Pós-Modernidade, mas sim retrocedendo. Estaremos abrindo mão de algo que nos será decisivo se não quisermos somente questionar a sociedade atual, mas desconstruí-la e em seu lugar construir algo qualitativamente diferente.

Alguns relatos sociológicos afirmam que o comportamento de uma parcela importante da população já vai sendo largamente lastreado somente pela emotividade/irracionalidade. No entanto, esse fato não quer dizer o registro de um avanço, mas de um retrocesso em termos de resistência e desenvolvimento da sociedade e do pensamento humano.

Perguntamos então: Qual o traço fundamental desta temática na atualidade? A racionalidade, a emotividade, a irracionalidade? Não há uma resposta correta, a não ser a de que ambas estão presentes e se relacionam em tensão e conflito.

Espaço global e local

A vivência contemporânea apresenta variadas dimensões sociais. O local, nosso espaço imediato de vida e relações; o regional, configurando relações importantes; o nacional, espaço desenvolvido ao longo da Modernidade para ser o centro da estruturação e identidade social; o continental, como espaço de histórias e formações comuns e desejos que podem ser compartilhados; o global, como dimensão de unificação da sociedade humana, que ao longo de sua história operou a partir de fragmentos e realidades desconexas.

Ao longo dos últimos dois séculos, o Estado-nação foi o *locus* dos conflitos sociais e o espaço de estruturação da produção e reprodução da sociedade capitalista. Nesses termos, a tensão entre local e nacional se apresentava ora como força centrífuga, ora como força centrípeta.

No entanto, desde a década de 1990 muitos teóricos registram a erosão da autoridade dos Estados-nações em função da crescente importância da dimensão global.

Assim, afirmam, a nova sociedade é a sociedade global, e fazem longos relatos de fatos que atestam a importância dessa dimensão, corroborando com a tese de que o novo século a tem como marca.

Entretanto, mais escassos, mas nem por isso menos críveis, surgem relatos que demonstram que é ainda no âmbito do Estado-nação, estruturado por lógicas, identidades e projetos, que se dão as contendas decisivas dos tempos atuais.

E surgem ainda outros relatos que apontam o localismo como a tendência crescente do novo século pela qual poderíamos almejar outros caminhos de sociabilidade, da melhoria de vida etc. Para estes, a municipalidade deve ser o centro das resoluções e das relações. Para demonstrarem isso, listam inúmeros fatos e exemplos.

Pois bem, mais uma vez são ambos verdadeiros, mas apenas parcialmente. O que nos desafia é a busca de uma nova forma de relação de maneira equilibrada e positiva dessas dimensões que não desaparecerão e que continuarão a ter demandas próprias.

O local continua a ser o espaço por excelência da constituição da subjetividade, pois é ele que é tangível e é nele que se desenrola o cotidiano da grande maioria dos seres humanos. Mas ele sofre crescentemente a influência das demais dimensões e também as influencia.

Talvez, nesta tensão de dimensões espaciais, mais do que superação, exige-se uma nova hierarquia de funções. E é tão tensa a questão local/global, quanto a tensão nacional/global. Esta última inclusive é que enfeixa os conflitos mais claros da atualidade, numa realidade em que as instâncias democráticas estão no âmbito do Estado-nação e existe um verdadeiro vácuo de estruturas globais realmente democráticas e respeitadas. A própria ONU, que outrora aspirou ser o germe dessas estruturas, pelo hegemonismo norte-americano e pelas afrontas que vivenciou, está em boa medida desmoralizada.

Nesses termos, deveríamos refletir então como garantir uma arquitetura adequada dessas diversas dimensões com as questões correspondentes a cada nível.

Não estaria em questão, portanto, definir uma dimensão como a estruturante e decisiva *a priori*, mas uma combinação de demandas que potencializassem, em cada nível, a melhor condição de participação e desenvolvimento de indivíduos, grupos, classes e países.

Contudo, se não há como estabelecer, a princípio, o que deveria ser, podemos ainda assim identificar o Estado-nação, com todos os seus limites e defeitos, como o âmbito que configura as lutas mais decisivas para descortinar o futuro para seus participantes. O local tem poder limitado para isso, e o global é deveras intangível e hostil.

Os tempos divergentes

O tempo, apesar de estar revestido de padrões objetivos universais, tem apropriações bastante diferenciadas por parte de pessoas, grupos e classes. Ou seja, apropriações sociais divergentes, quando tratamos de tempo, não é exatamente um recorte da nova realidade. Em períodos anteriores, no entanto, esses tempos apresentavam divergência em menor grau de intensidade do que a época em que vivemos.

Durante séculos o homem viveu em função das dinâmicas de comunidades separadas entre si ou com pequenos câmbios e trocas. A descoberta de uma nova técnica levava anos, décadas, para se generalizar. O conhecimento era parcial e local. Todo o ímpeto da Modernidade e do capitalismo alterou isso drasticamente.

Hoje existe uma hora global, que garante a sincronia de movimentos e ações decisivas para a produção e reprodução do sistema. As novas tecnologias de comunicação também instalaram a simultaneidade, a possibilidade de acompanharmos eventos do outro lado do mundo no exato momento em que estão acontecendo. Os deslocamentos de pessoas, produtos e ideias se aceleraram de maneira gigantesca. Tudo isso contribui para uma sociedade da velocidade, da instantaneidade.

No entanto, estes tempos acelerados de fluxos globais não suprimiram lentidões sociais advindas de realidades desconexas dos mecanismos mais desenvolvidos de produção e reprodução da sociedade.

Hoje, os tempos sociais divergentes são faces de outras contradições que fundamentam modos de vida completamente distintos, muitas vezes separados por metros de distância.

A cultura que emerge desses "destempos" é também divergente, contraditória e, muitas vezes, incompreensível para o outro, para os atores diferenciados das temporalidades.

Ao mesmo tempo em que uma pessoa cruza a Europa em um voo, pessoas vivem a lentidão do trânsito de uma metrópole como São Paulo para chegarem a seus lares e outros caminham pelos Andes. A relação direta entre tempo e espaço explodiu. Depende radicalmente das técnicas e das possibilidades de cada pessoa, grupo, classe, nação.

Por isso, uns falam da sociedade da velocidade, da vertigem, registrando parte importante da nova realidade que mostra a agilidade de fluxos. Descrevem assim parte real e decisiva da sociedade e da cultura que dela emerge.

Porém, a esmagadora maioria da população vive em "outros tempos", em outras lentidões, em outra cadência. Poderíamos também descrever a sociedade atual como a sociedade da lentidão e faríamos justiça a uma parte importante da realidade. Voltando ao caso da metrópole de São Paulo, pesquisa revelou que os modernos carros importados que ficam presos em horário de *rush* na cidade andam numa velocidade média de 22 km por hora, que é menor que a velocidade dos velhos bondes do início do século passado.

Porém, nenhuma dessas definições parciais daria conta de demonstrar como se combinam e se conflitam estes tempos tão desconexos e estranhos entre si. São temporalidades que se estranham e que geram conflitos gritantes no âmbito da cultura. Parte importante das chamadas fragmentações sociais advém dessas desconexões temporais.

Importante ressaltar que a mídia acaba por estabelecer um tempo referência para o social, em torno do qual propõe que sejam estruturados os demais. Isso não se dá na plenitude, mas acaba o tempo da mídia cumprindo um papel de referência comum do tempo social.

Poder-se-ia afirmar que a coexistência de tempos tão divergentes tem caráter democrático, já que não existe a imposição de um tempo comum. Mas não há democracia nas opções temporais atuais. Elas são imposições da situação social de cada indivíduo, grupo ou classe numa sociedade profundamente marcada pela exclusão e pelo fosso entre poucos ricos e multidões de desprovidos.

Assim, os que estão na lentidão dos primórdios aí estão por imposição, por falta de opção, como reflexo de uma sociedade que se desenvolveu impondo grande grau de desigualdades de acesso às novas tecnologias de fluxo de pessoas, mas também de produtos e informações.

Desse conflito também não podemos esperar desfecho imediato, muito pelo contrário. A cada dia os polos se distanciam. O caminho seria não a diminuição dos "destempos", mas a possibilidade democrática de opção de a que tempo se vincular. Porém, hoje, essa hipótese não figura no horizonte imediato desse modelo social.

Identidade e identificações

Ao descreverem o sujeito moderno, um dos traços fundamentais era justamente o de sua identidade centrada, definida, estruturante de seu comportamento social e cultural.

Como argumenta Stuart Hall, claro que isso tinha algo de fabulação, porque também o sujeito moderno era confrontado com inúmeras alternativas e sua identidade se alterava. Porém, o que assistimos atualmente não são às alterações lentas, "seguras", processuais. São mudanças permanentes que dificultam até mesmo a identificação do sujeito.

Poderíamos então descrever o sujeito atual como um sujeito descentrado, sem identidade fixa, com mobilidade identitária grande, a se deslocar de acordo com as necessidades dos fluxos nos quais está inserido. Este sujeito existe e está presente em inúmeros lugares da realidade social, além de ser heroificado pela mídia. No geral, são sujeitos desenraizados do ponto de vista geográfico e cultural e transitam sobre as fronteiras.

Mas ele suplantou, eliminou o sujeito centrado, de identidade definida e estável em termos numéricos, de expressão dentro da sociedade? Difícil responder por não haver pesquisas eficazes para isso. Mas uma análise empírica sinaliza que a resposta seria negativa, pois ainda vasta parcela da população vive de acordo com identidades fixas e valores que, para o sujeito de identidade mutante, seriam "atrasados".

Assim, convivem, não sem contradições, sujeitos com tipos de identidade completamente diferenciados na sua constituição.

Aliás, é importante notar que os elementos que conferem sentido ao que chamamos identidade de um e de outro são também bastante diferenciados, representando paradigmas distintos, que alguns caracterizam como o conflito entre o sujeito moderno e o sujeito pós-moderno.

Para dar conta da mobilidade característica do sujeito dito "contemporâneo", lança-se mão de uma distinção entre identidade e identificação. Em especial, Michel Maffesoli defende essa visão.

Segundo ela, pelo constante deslocamento, pela agilidade das relações, as pessoas não estariam lidando mais com identidades, que eram estruturadas e arraigadas, mas com identificações mais superficiais e mutantes. Um mesmo sujeito se relaciona ao longo de um dia com grupos de referência muito distintos entre si, e em cada um deles é "um sujeito" distinto.

As identificações seriam, assim, a forma de se transitar por realidades sociais e motivações diversas. Em vez de "ser" daquele grupo, o indivíduo "estaria" com aquele grupo de referência. Algo que nos remete até ao exemplo de como os adolescentes tratam as relações afetivas, em que não se diz que namora tal pessoa, mas que "fica" com ela.

Partimos da constatação de que é fato que a sociedade contemporânea está exigindo de seus participantes mais flexibilidade, abertura, mobilidade. Isso, pela pluralidade de ofertas de concepções, de modos de vida, de participações e pertencimentos, sem falar das exclusões, das portas fechadas, das obstruções também. Porém, certamente a vida está provocando a todos para um *menu* de possibilidades bastante variadas.

Todavia, isso é o suficiente para indicar que a tendência é a predominância de sujeitos de múltiplas identidades ou, se preferirmos, de inúmeras identificações, em detrimento de sujeitos com identidades mais definidas?

Nossa resposta é negativa. Não podemos afirmar já esta tendência. Diante desta nova realidade não existe a mera opção entre sujeito descentrado e móvel e sujeito de identidade fixa e rígida. Entendemos que é possível a emergência de uma identidade de abertura para a diferença, para a alteridade, com flexibilidade, mas que, no entanto, não represente algo sem lastro, sem raízes ou referências mais permanentes.

Assim, as hipóteses seriam: um sujeito errante, moldado de acordo com grupos com os quais se relacione ou com a realidade imposta por seus fluxos de relação, ou um sujeito com identidade definida, aberta e flexível, com valores estabelecidos, mas com respeito à alteridade. Claro está que, quando assim falamos, estamos tratando da deontologia de um novo sujeito que está emergindo ou pode emergir.

A reflexão que realizamos sobre identidades e identificações está também imbricada com a análise sobre as dimensões espaciais e suas dinâmicas na constituição cultural. A questão da cultura nacional, assim como a emergência de uma cultura global, influencia sobremaneira a questão das identidades nos termos que vimos anteriormente.

De qualquer forma, esses conflitos se apresentam claramente no âmbito da cultura, nos modos de vida, no cotidiano, quase sempre de maneira conflitiva entre "visões" diferentes do que representa conviver na sociedade contemporânea.

Ciência e narrativa

Outra fonte de questionamento do pensamento pós-moderno é a da validade da ciência e de seu papel na constituição da Modernidade.

Lado a lado com a questão da racionalidade, as ciências e sua evolução são marcas registradas do período histórico que chamamos Modernidade.

A ciência como caminho para o conhecimento é talvez um dos postulados centrais da concepção moderna de sociedade, assim como a capacidade do homem de estruturar e reestruturar o social. Em torno da ciência construíram-se teorias, instituições, discursos, legitimidades. Durante os últimos séculos foi praticamente impensável tratar de perspectivas sociais sem dar ênfase ao ensino, ao conhecimento e, por consequência, às ciências. Correntes teóricas e políticas completamente antagônicas em seus postulados tinham como raro ponto de contato a valorização das ciências.

Tudo isso se acentuou ainda mais num período histórico em que as ciências são transformadas rapidamente em tecnologias que geram impactos decisivos nas formas de produção e reprodução em nossa sociedade.

Em que pese esta crescente importância, e até por ela, alguns teóricos da Pós-Modernidade, com destaque para Jean-François Lyotard, afirmam que as ciências não passam de um expediente legitimador de discursos que são utilizados para impor determinadas visões à sociedade a partir da autoridade que lhe confere o campo científico. Segundo essas visões, seriam meras narrativas que aspiram à autoridade de se constituírem em verdades, para com isso agir socialmente e impor suas concepções.

A primeira questão a se registrar é que de fato as ciências acabaram sendo objeto de desenvolvimento de aparatos espantosos e vultosos, consumindo recursos humanos e financeiros de monta. Assim, estabeleceram-se como referência para o conhecimento social.

Através desse processo existiu sim a intencionalidade de inúmeros setores de "produzir" conhecimento a partir de seus interesses materiais e ideológicos. Portanto, não está destituída de sentido a parte da crítica feita às ciências como instrumento da construção de uma naturalização e de um desenvolvimento da dominação.

Porém, não se pode tratar todo o campo das ciências como sendo exclusivamente isso, e por isso negá-lo completamente, em detrimento das imensas possibilidades do conhecimento humano.

Afirmar toda e qualquer ciência como narrativa é recusar avanços que o ser humano conseguiu em torno do entendimento de si e da natureza. Aceitá-la completamente sem uma visão crítica também pode nos levar a subestimar o papel que ela desempenha na sociedade contemporânea em favor de uma visão de social como a que vivemos.

Assim, a visão sustentada de que ciência é narrativa e, portanto, discurso ideológico buscando legitimidade tem acerto parcial, mas não dá conta de uma análise mais ampla da produção científica e, pior, não propõe algo que seja uma superação, porém acaba sinalizando para um retrocesso, ou seja, um caminho em que a sociedade abre mão de buscar o conhecimento, porque ele pode ser apropriado de maneira diferenciada por pessoas, grupos, classes e nações na construção de suas identidades, seus discursos e ideologias.

Contudo, a simples manutenção do papel das ciências nos termos pensados e reafirmados pela Modernidade como um elogio à verdade inquestionável e à autoridade acadêmica também não pode e não deve ficar numa redoma de vidro, sem questionamento.

A vitória da visão exposta por Lyotard, apesar da aparência libertária, poderia ser lida também como uma regressão absurda em termos de conhecimento social e até obscurantista.

É verdade que o conhecimento está a serviço dos que podem pagar, não da melhoria da realidade humana e social. Portanto, parece-nos necessário questionar as premissas da produção científica, colocando-as não a serviço da parte, mas de toda a sociedade e de seu desenvolvimento material e espiritual, ressaltando o caráter público que tem a produção científica. Produção que está cada vez mais confinada em muros de institutos privados ou, o que é pior, é produzida para fins privados com recursos públicos, como é corriqueiro assistirmos no caso das instituições públicas de ensino no Brasil.

Mais uma vez pode-se afirmar que isso é uma perspectiva do fazer científico, e nós concordamos com isso. É que, na tensão e na polêmica existentes, ambos os polos têm limites que precisam ser superados.

Comunidade e "tribos"

Ao longo de séculos a vida social teve como sua referência decisiva e constitutiva de sua identidade e cultura a ambiência da comunidade. Comunidade que estava constituída em torno de espaços geográficos restritos, através dos vínculos com a terra e de laços familiares.

Essas comunidades ofereciam o espaço de segurança, de identidade e de desenvolvimento de pessoas, grupos e classes. Cada comunidade possuía lógicas próprias de pertencimento, com concepções de mundo e balizas morais para o comportamento do grupo.

Porém, com o advento do capitalismo moderno e a constituição das grandes cidades, essas comunidades foram bruscamente alteradas. As pessoas foram "arrancadas" de seus lugares, de suas comunidades, de seus laços naturais, para viverem numa realidade distinta.

No âmbito das cidades foram sendo constituídas novas comunidades, novas noções de pertencimento, mas agora sempre fortemente influenciada pelos condicionantes da cidade, por suas lógicas e regras.

Como ressalta Martín-Barbero, os bairros populares foram se constituindo como o refúgio dessas pessoas e grupos, ensejando novas comunidades e dinâmicas importantes de adaptação e união para enfrentar as novas condições.

Nesses ambientes foram sendo recriadas e criadas formas de convivência coletiva, festas, diversões, mas também padrões de comportamento, de pertencimento. Assim, a localidade urbana ofereceu certo alento aos "desenraizados" das antigas comunidades naturais.

O espaço urbano nesse momento refletia de maneira nítida as divisões de classe, gerando centros ricos e bairros populares. Mas, ao longo do século passado, o tecido urbano ficou mais complexo, impondo convivências de classes e grupos sociais tão diversos, tendo como fronteira somente muros e alambrados.

Hoje, os bairros e as comunidades urbanas persistem, mas foram esgarçando seus laços, seus vínculos. Concorreram para isso variados fatores, entre eles o crescimento da violência e da marginalidade; a imposição de grandes deslocamentos dentro das cidades para trabalhar, estudar, divertir-se etc.; a grande mobilidade imposta pelas dificuldades e instabilidades de moradia.

Convivemos hoje com comunidades que têm seus fundamentos mais enfraquecidos, enquanto que as relações sociais se diversificaram, saltaram para fora do enquadramento geográfico e passaram a se dar por contatos a partir do local de estudo, de trabalho ou mesmo pelos gostos musicais ou esportivos. Este segundo aspecto foi denominado por Maffesoli como a constituição de "tribos".

Essas tribos expressariam exatamente os modos de convivência principalmente dos jovens, que já não se prendem à comunidade e buscam constituir suas próprias referências, que são, por sua vez, deveras frágeis, superficiais, nascidas a partir de identificações.

Para alguns, a tribo passa a ser fator distintivo e motivo central de suas relações, já outros transitam pelas tribos como "visitantes". Quase sempre, em ambos os casos, as relações estabelecidas são, em intensidade, muito distintas do que era oferecido pelas comunidades.

Por isso, afirmamos que vivemos num período de grande carência de amplas parcelas da sociedade. Carência de laços sociais, carência de laços afetivos, carência de espaços de vivência e de lazer etc. Em que pesem esses limites, a pulsão de estar junto existente nas pessoas inventa e reinventa formas e espaços para se realizar. Quando a sociedade fecha as praças e abre shoppings, o desejo de estar junto vai achando brechas, em lugares muitas vezes inusitados, para as pessoas estabelecerem suas relações.

Assim, comunidades, tribos e outras formas de constituição de laços de sociabilidade resistem a um desígnio forte da sociedade atual que é o do individualismo, do isolamento social, da rotina programada e disciplinada, do tempo "ocupado".

No entanto, apesar da criatividade e da capacidade das pessoas de reinventarem formas de se relacionar, é indiscutível que parte delas sucumbe às imposições sociais e acaba vendo seus laços de sociabilidade fragilizados, quando não rompidos.

Dentro desse quadro, as formas de sociabilidade se multiplicam, estabelecendo uma situação em que não temos uma forma específica em destaque, mas uma miríade de formas que geram como resultante o que hoje podemos chamar de sociabilidade e de estar junto.

No conflito existente na sociedade reaparece a demanda por novos espaços de convivência, de lazer, com comunhão social, apresentada não somente pelos setores populares, mas também por outras parcelas que registram a necessidade de lugares públicos para se estar junto e para desenvolver variadas atividades culturais.

Depois de uma pressão avassaladora do neoliberalismo, em que tudo o que era "público" continha uma carga negativa, ao menos no Brasil e em outros países da América Latina, procura-se restabelecer lugares efetivos de relação e participação.

São experiências tímidas, porém rompem com o chamado pensamento hegemônico e podem se desdobrar em outras tantas iniciativas não só possíveis, como extremamente necessárias, de revalorização de espaços públicos de vivência, que possam permitir novos "re-ligamentos" sociais.

A ideia de projeto e o aqui e agora

Uma das características fundamentais do pensamento moderno é a da necessidade de projeto, de um sentido de desenvolvimento, tanto no âmbito de indivíduos, quanto de grupos, classes, nações, civilização.

Mesmo correntes tão distintas como o liberalismo e o marxismo têm um projeto que os alimenta, que dá sentido à disputa que travam dentro da sociedade.

A ideia de projeto ficou tão impregnada na Modernidade que praticamente se naturalizou. Ao lado da ideia de planejamento, a questão de ter um projeto constituiu-se em algo essencial.

Pois bem, o pensamento pós-moderno veio questionar com força essa premissa naturalizada da Modernidade. Sua crítica procura demonstrar que a ideia de projeto parte de pressupostos que eram meros discursos ideológicos que não se concretizaram e não têm como se concretizar. Fazem a apologia da vivência do aqui e agora em detrimento da ideia de projeto tão alentada no âmbito da cultura do século passado.

E tentam demonstrar que a grande maioria das pessoas está aderindo ao imediato, a uma visão hedonista, que estão balançando os alicerces de uma sociedade estruturada dentro da ideia de projeto.

Existem evidências fortes de que essa afirmação reflita de fato uma realidade atual com a qual temos que nos confrontar. Mas as motivações para essa realidade, em nossa opinião, são diversas das apresentadas pelos pós-modernos.

Se amplas parcelas já não possuem projeto, não é por opção filosófica ou por descrédito na Modernidade propriamente. A ausência de projeto é um ponto de chegada de uma longa viagem de frustrações e inseguranças que permeiam a vida das pessoas. Elas, apesar de aspirarem à estabilidade para um caminho a seguir, são confrontadas com uma realidade social excludente, instável e em crise permanente. É dentro desse contexto que se conformam ou ao menos se resignam em lutar apenas pelo imediato, pelo instantâneo, já que o futuro é deveras incerto.

Pode-se dizer então que a frustração é fruto de promessas não cumpridas pela Modernidade: igualdade, fraternidade, liberdade. Sim, esses projetos não se realizaram e hoje o que vemos são verdadeiros simulacros deles. Contudo, não é exatamente a falência na crença dos projetos que angustia a multidão, mas a própria incapacidade de tê-los.

Portanto, não está em questão a necessidade ou não de projeto, mas como viabilizar um projeto social que volte a permitir projetos pessoais factíveis. A apologia à inexistência de projeto, de uma vida hedonista e imediata, acaba por servir como crítica, mas não como perspectiva, já que, se ela se realizasse, estaríamos expostos a uma sociabilidade do imediato, que não poderia de maneira alguma descortinar perspectivas e não teria parâmetros para um grau, mesmo que mínimo, de coesão para estabelecer suas normas e formas de convivência. É um discurso *neo-hyppie* pós-moderno, mas que ressalta o resultado do erro sem combater sua causa com eficácia. É um discurso de resignação travestido de crítica contundente e até com ares vanguardistas.

No entanto, se faz necessário registrar que a Modernidade herdou de algumas religiões a ideia de projeto como algo que impõe o sofrimento imediato para a conquista do paraíso futuro, que se constitui numa visão que também leva à resignação imediata e à opção por adiar a possibilidade de felicidade. Ou seja, quanto maiores as dores e sofrimentos no processo, maior a felicidade futura.

É preciso repor a necessidade e a possibilidade de projetos coletivos, nos quais o processo seja a realização das pessoas, grupos, classes e nações. Projetos que possam conviver com um aqui e agora melhor e mais incentivador das melhores capacidades humanas. Porém, para isso será necessário o desfecho desta realidade polar e contraditória em que vivemos e a abertura de um novo ciclo civilizatório distinto do que vivemos.

Capítulo 2
Gênese dos Estudos Culturais

A evolução da sociedade capitalista e sua convivência com experiências socialistas no leste europeu e na URSS, o crescente papel das mídias na constituição do cultural, a permanência de conflitos latentes ou manifestos entre trabalhadores e a ordem social vigente constituem algumas referências do cenário de surgimento do que chamamos de Estudos Culturais britânicos.

Como posicionamento geral, os Estudos Culturais vieram rejeitar tanto o funcionalismo predominante nas sociedades capitalistas quanto um dado marxismo, que se fez dominante durante um bom tempo, a partir das experiências de socialismo real. Vinculados ao surgimento de uma nova esquerda, os Estudos Culturais, em suas vertentes diferenciadas, contribuíram para uma concepção marxista de cultura menos determinista, mas também para caminhos que se afastaram do marxismo.

Os Estudos Culturais surgem no final da década de 1950, porém suas raízes remontam a trabalhos produzidos desde os anos 1930 por L. R. Leavis e do grupo organizador da revista *Scrutny*, nos quais o tema de cultura já comparecia com força.

Mas é com o surgimento das obras *The uses of literacy* (1957), de Richard Hoggart, e *Culture and Society* (1958), de Raymond Williams, que, segundo a visão de Stuart Hall, vai se constituir o campo dos Estudos Culturais. A essas obras somou-se outro trabalho de grande importância, *The Making of the English Working-class* (1963), de E. P. Thompson. "Entre eles, esses três livros constituíram a cesura da qual – entre outras coisas – emergiram os Estudos Culturais" (HALL, 2003, p. 133).

O texto de Hoggart procura fazer uma história cultural dos anos decorridos do século XX:

> Às utilizações da cultura propôs-se – muito no espírito da "crítica prática" – ler a cultura da classe trabalhadora em busca de valores e significados incorporados em seus padrões e estruturas: como se fossem tipos de "textos" (HALL, 2003, p. 132).

Já Escosteguy afirma:

> Na pesquisa realizada por Hoggart, o foco de atenção recai sobre materiais culturais, antes desprezados, da cultura popular e dos meios de comunicação de massa, através de metodologia qualitativa. Este trabalho inaugura o olhar de que no âmbito popular não existe apenas submissão, mas também resistência, o que, bem mais tarde, será recuperado pelos estudos de audiência dos meios massivos (ESCOSTEGUY, 2001, p. 22).

O trabalho de Williams analisa historicamente o conceito de cultura como um processo no qual nos confrontamos com as mudanças e delas tentamos entender o sentido a cada momento. "A história da idéia de cultura é a história do modo por que reagimos em pensamento e em sentimento à mudança de condições por que passou nossa vida" (WILLIAMS, 1969, p. 305). Outro aspecto importante do trabalho é a contestação do termo "massa", que segundo Williams, é sempre uma forma de ver os outros. "Massas são sempre os outros, aqueles que não conhecemos e que não podemos conhecer" (WILLIAMS, 1969, p. 309).

Thompson, partindo da tradição marxista, irá revisitar a história social da Inglaterra, tratando das relações e práticas estabelecidas no cotidiano como elemento importante do conflito de modos diferentes de vida:

> Esse também foi um trabalho pensado dentro de certas tradições históricas específicas: a historiografia marxista inglesa e a história econômica do "trabalho". Mas, ao destacar questões de cultura, consciência e experiência, e enfatizar o agenciamento, também rompeu decisivamente com uma certa forma de evolucionismo tecnológico, com o economicismo reducionista e com o determinismo organizacional (HALL, 2003, p. 133).

Baseado numa visão de classe social, Hall vai propor uma leitura de cultura no plural, como culturas, que possuem modos de constituição diferentes e conflitivos.

Essas obras têm como características comuns a importância da cultura, a identificação de conflitos, disposição de engajamento no debate social e teórico e uma opção no conflito junto aos "de baixo", ou seja, os trabalhadores.

Segundo Hall:

> Eram, claro, textos seminais e de formação. (...) Eles não apenas levavam a "cultura" a sério, como uma dimensão sem a qual as transformações históricas, passadas e presentes, simplesmente não poderiam ser pensadas de maneira adequada. Eram em si mesmos "culturais", no sentido de cultura e sociedade (HALL, 2003, p. 133).

Em 1964 é fundado por Hoggart o *Centre for Contemporary Cultural Studies* (CCCS), ligado ao *English Department da Universidade de Birmingham*, como centro de pós-graduação da instituição.

A partir de então, o CCCS passa a ser o espaço de desenvolvimento das ideias iniciais contidas nos trabalhos de Hoggart, Williams e Thompson. Embora não faça parte do momento de surgimento dos Estudos Culturais, o papel de Stuart Hall foi, na sequência, decisivo. Hall dirigiu o CCCS entre 1968 e 1979, desempenhando durante esse período papel importante no incentivo às pesquisas e aos trabalhos de seus pares, além de construir uma obra crítica e de importância dentro do campo. Além dos nomes já citados, outros importantes pesquisadores fizeram parte do Centro: David Morley, Mary Ellen Brown e John Fiske.

É preciso dizer que, apesar de temáticas e posicionamentos aproximados, os Estudos Culturais não se constituíram como um corpo teórico homogêneo e consensual. Foram caracterizados pela abertura através de uma abordagem dialógica à teoria, segundo Hall. Portanto, construíram diferentes trajetórias e tradição, exigindo daqueles que optam por trabalhar, tendo como base os Estudos Culturais, que façam recortes e escolhas teóricas.

De comum a cultura como campo de pesquisa e análise importante para o entendimento da sociedade e a busca de uma teoria para fundamentar o campo. "A 'cultura' era o local de convergência. Mas, que definições desse conceito central emergiram desse conjunto de obras? [...] O fato é que nenhuma definição única e não problemática de cultura se encontra aqui" (HALL, 2003, p. 134).

De comum também a visão da sociedade como sistema de dominação questionado a partir de práticas e valores do cotidiano dos trabalhadores e dos setores dominados. Ou seja, uma visão que contesta o *status quo* e procura oferecer uma perspectiva diferenciada.

Campo amplo de pesquisa

Pluralidade de concepções e temáticas, esta é uma marca decisiva dos Estudos Culturais. Partindo do reconhecimento da importância da cultura na compreensão da sociedade contemporânea, da valorização do cotidiano e dos trabalhadores, os trabalhos que surgiram no campo foram se multiplicando. Hall se posiciona da seguinte forma:

> No entanto, algo está em jogo nos Estudos Culturais de uma forma que, acho e espero, não é exatamente o caso em muitas outras importantes práticas críticas e intelectuais. Registra-se aqui uma tensão entre a recusa de se fechar o campo, de policiá-lo em, ao mesmo tempo, uma determinação de se definirem posicionamentos a favor de certos interesses e defendê-los (HALL, 2003, p. 2001).

Vamos nos concentrar em quatro aspectos que reputamos importantes para o entendimento da gênese e amplitude dos Estudos Culturais: sua vinculação com a política; sua pluridisciplinariedade, sua amplitude temática e as variadas influências intelectuais.

Os Estudos Culturais têm uma clara dimensão política, numa situação em que o próprio foco das pesquisas – os trabalhadores – são também a classe que busca constituir um projeto.

Segundo Michel Green, citado por Escosteguy:

> Os Estudos Culturais oferecem um espaço no qual se pode explorar – e refletir sobre – uma variedade de questões políticas, e jamais negaram que sua agenda tem dimensões políticas e não pode ser "objetiva" (ESCOSTEGUY, 2001, p. 27).

Esse entrelaçamento de um projeto político e teórico vai ser característica marcante e distintiva dos Estudos Culturais. Escosteguy afirma:

> Na realidade, os Estudos Culturais britânicos se constituem na tensão entre demandas teóricas e políticas. Embora sustentem um marco teórico específico (não obstante, heterogêneo), amparado principalmente no marxismo, a história deste campo de estudos está entrelaçada com a trajetória da New Left, de alguns movimentos sociais (Worker's Educational Association, Capaign for Nuclear Disarmament etc.) e de publicações – entre elas, a New Left Review – que surgiram em torno de respostas à esquerda (ESCOSTEGUY, 2001, p. 29).

Hall afirma que a dimensão política está claramente vinculada à ideia de que se pensa o mundo, para optar por alternativas de entendimento e caminhos a serem seguidos. Assim, a motivação mesma do conhecimento não é neutra ou sem justificativa, mas um impulso para agir diante de uma realidade dada. "Volto à teoria e à política, à política da teoria. [...] Mas também como prática que pensa sempre a sua intervenção num mundo em que faria alguma diferença, em que surtiria algum efeito" (HALL, 2003, p. 217).

Ainda sobre a questão da relação dos Estudos Culturais com a política, podemos registrar que seus vínculos e tensões com o marxismo nutrem a necessidade de se confrontar com a prática política do intelectual, algo que ganhará sistematização na ideia de intelectual orgânico de Gramsci.

Sobre o tema, Kellner assim coloca:

> Esse foco político intensificou a ênfase nos efeitos da cultura e no uso que o público fazia das produções culturais, o que possibilitou estudar de maneira extremamente produtiva o público e a recepção, assuntos que haviam sido negligenciados na maioria das abordagens textuais à cultura (KELLNER, 1995, p. 55).

Segundo aspecto importante, é que os Estudos Culturais não se constituíram como uma disciplina, mas como um campo em que variadas disciplinas atuaram e interagiram.

De início interagiram Literatura Inglesa, Sociologia e História, mas as disciplinas não se limitaram a elas. Afirma Turner, citado por Escosteguy:

> Os Estudos Culturais são um campo interdisciplinar onde certas preocupações e métodos convergem; a utilidade dessa convergência é que ela nos propicia entender fenômenos e relações que são acessíveis através das disciplinas existentes. Não é, contudo, um campo unificado (ESCOSTEGUY, 2001, p. 28).

Essa abertura para a interdisciplinariedade advém da visão de que entender a relação entre sociedade e cultura pressupõe um esforço que exige lançar mão de mais de uma disciplina e entendê-las nas suas relações na constituição da realidade social.

O terceiro aspecto que queremos ressaltar é o da multiplicidade dos objetos de pesquisa, de temáticas, de recortes. A formação das classes sociais, o papel das mídias, a questão do gênero, a questão da recepção, a questão de raça, entre outras, foram temáticas importantes enfeixadas pela cultura. "A guinada direitista da política britânica com a vitória de Thatcher levou à preocupação, no fim da década de 70, de entender o populismo autoritário da nova hegemonia conservadora" (KELLNER, 2001, p. 55). Na década de 1980, com a questão da globalização, o foco passa a ser o das novas constituições de identidades sociais.

Já nos anos 1990, segundo Escosteguy:

> Questões como raça e etnia, o uso e a integração de novas tecnologias como o vídeo e a TV, assim como seus produtos na constituição de identidade de gênero, de classe, bem como geracionais e culturais, e as relações de poder nos contextos domésticos de recepção, continuam na agenda principalmente das análises de recepção (ESCOSTEGUY, 2001, p. 38).

Dos estudos literários, passando pela análise de subculturas, pela questão do papel dos meios de comunicação, a questão da recepção, até chegar à temática do feminismo, os Estudos Culturais fizeram uma trajetória de amplitude temática buscando iluminar os aspectos importantes da atividade dos setores subalternos da sociedade, na constituição de sua cultura e de sua luta. Como coloca Escosteguy:

> A multiplicidade de objetos de investigação também caracteriza os Estudos Culturais. Resulta da convicção de que é impossível abstrair a análise da cultura das relações de poder e das estratégias de mudança social (ESCOSTEGUY, 2001, p. 29).

O quarto aspecto é o registro de influências intelectuais distintas e diversificadas, que acabaram por contribuir sobremaneira para a amplitude e riqueza dos Estudos Culturais.

Desde as influências anteriores de Frank Raymond Leavis e o marxismo, os Estudos Culturais souberam "digerir" e dialogar com o que foi surgindo de significativo no pensamento social e no campo da cultura. Influências que passam por Georg Lukács, especialmente com o livro *História e consciência de classe*, por Mikhail Bakhtin, sobre o marxismo e a filosofia da linguagem, transitando por Walter Benjamin, autor do qual traduziram alguns textos. Também com Lucien Goldmann, Jean-Paul Sartre, Louis Althusser, Roland Barthes, Clifford Geertz, Anthony Giddens, entre outros, terão contatos teóricos fecundos. Cabe ressaltar a importância que teve como influência intelectual o italiano Antonio Gramsci.

Capítulo 3
Estudos Culturais Ingleses – Raymond Williams

Neste trabalho procuramos realizar uma resenha crítica, detalhada, detida, de algumas obras de Raymond Williams. Não se trata de uma análise do conjunto das obras do autor, mas sim uma tentativa de trazer à luz, a partir dos autores e textos escolhidos, um pouco das obras do campo dos Estudos Culturais.

De Raymond Williams trabalharemos essencialmente com os textos: *Cultura e Sociedade* e *Marxismo e Literatura*.

Cultura e Sociedade

Esse trabalho de Raymond Williams tem caráter seminal, pois marca o início de uma trajetória não somente sua, mas dos Estudos Culturais como um todo.

Williams dá uma contribuição importante e decisiva para o entendimento do trabalho científico, a registrar: os conceitos, além de serem definidos historicamente, também são redefinidos a partir da mudança da realidade e da luta que se realiza em torno deles.

As ciências sociais na atualidade estão cheias desses conceitos que foram tendo seu conteúdo disputado e alterado, como é caso de ideologia, identidade, nação, globalização, entre outros.

Portanto, na utilização dos conceitos é sempre preciso entender sua origem, mas também o sentido que naquele momento histórico ele adquire. Podemos ainda acrescentar: é preciso sempre levar em conta em que corpo teórico está inserido dado conceito, já que a democracia, por exemplo, pode ter valores completamente distintos, se vista do ponto de vista marxista ou liberal.

Partindo desse pressuposto, Williams vai estudar cinco conceitos que, para ele, de certa forma resumem o desafio de entendimento da sociedade contemporânea de seu trabalho, que ele chama de sistema de referência: indústria, democracia, classe, arte e cultura.

Indústria, que em determinado momento histórico era caracterizada por habilidade, passou a representar crescentemente outra coisa, substantivo coletivo para designar empresas fabris e produtivas. Dela derivaram as palavras: industrial e industrialismo. Inclusive a definição que marca o período – Revolução Industrial.

Hoje, quando alguns falam inclusive em sociedade pós-industrial, a palavra "indústria" designa todo o complexo de produção de mercadorias que alimenta o sistema. É bem verdade que a indústria hoje possui outras dimensões e outros nexos organizativos.

O segundo conceito é "democracia" e o sentido que ela adquire na Inglaterra. Originária do grego, quer dizer "governo do povo", mas no inglês comum, segundo Williams, só a partir das revoluções americana e francesa; mesmo assim, ainda identificada com uma carga negativa, como impulsos desordenados da plebe. Só posteriormente ganharia o sentido de representação democrática ou sistema democrático.

O termo democracia foi sendo, paulatinamente, não sem luta, transformado pelo Ocidente não em uma concepção de sociedade, mas como a face normativa dos Estados-nação. O sentido corrente de democracia é hoje profundamente liberal e normativo.

O terceiro termo é "classe". De início representava a divisão ou o grupo no ensino: classe de lógica e de filosofia. No século XVIII surge a ideia de classes inferiores. Depois surgem classe média e classes intermediárias; classe trabalhadora e classes superiores. "Preconceito de classe, legislação de classe, consciência de classe, conflito de classe e guerra de classe surgem no decorrer do século XIX" (WILLIAMS, 1969, p. 17).

A questão de classe social é hoje extremamente polêmica. Existem autores pós-modernos que afirmam até mesmo que classe social é uma categoria esgotada pelas mudanças. No entanto, meu ponto de vista continua a situar classe social como uma categoria fundamental de análise. Claro que as classes se alteraram quantitativa e qualitativamente ao longo das últimas décadas. Porém, o fato de terem se alterado não quer dizer que não tenham mais importância. É preciso ressaltar, no entanto, que outras categorias passam a conviver e a se compor com classe social para auxiliar no entendimento da realidade e da disputa política, como a questão da nação, do gênero, da identidade, entre outras. Assim, classe não pode, como nunca pôde, é bem verdade, explicar completamente as variadas faces das disputas pela hegemonia na sociedade contemporânea.

"Arte" é o quarto termo. Arte significou, segundo o autor, até certo momento, qualquer aptidão humana. Num dado momento, passou a designar um particular grupo de atividades, as artes imaginativas e criadoras. Num período anterior, artista, como artesão, era uma pessoa habilidosa, agora se usa artista apenas para as habilidades especiais.

É preciso registrar que há toda uma controvérsia também em torno desse conceito, que remonta à polêmica proposta pela Escola de Frankfurt, que procura distinguir arte de entretenimento. Em que pese a concordância ou não com a distinção, o sentido corrente de arte na atualidade, para o senso comum, engloba, sim, todos os variados ramos da Indústria Cultural.

A quinta palavra é "cultura". A ela Williams dedicará boa parte de sua reflexão. Isso porque, segundo ele:

> A evolução da palavra cultura dá testemunho de numerosas reações, importantes e continuadas, a essas alterações de vida social, econômica e política e pode ser encarada, em si mesma, como um especial roteiro, que permite explorar a natureza dessas mesmas alterações (WILLIAMS, 1969, p. 18).

Williams vai refletir sobre as mudanças, não através de registros gerais, mas de obras de políticos, poetas, romancistas e críticos literários, buscando, nos depoimentos deles, a trajetória de alteração desse sistema de referência, a saber: cultura, como fio condutor, mas também indústria, democracia, classe e arte. O período que ele analisa está compreendido entre 1780 e 1950.

No capítulo Marxismo e Cultura, afirma que Marx esboçou, mas nunca desenvolveu de fato, uma teoria da cultura. Contudo, ressalta que a genialidade de Marx reconhecia a dificuldade e a complexidade do tema.

Se Marx não desenvolveu uma teoria da cultura, como afirma corretamente Williams, os marxistas, ao longo de décadas, procuraram, a partir das ideias seminais de Marx e Engels, desenvolvê-la. O fato é que os resultados são conflitantes e carecem de limitações importantes, a depender de que autor ou corrente tratarmos. No entanto, erro recorrente entre críticos do marxismo é o de creditar a Marx e a todo o marxismo certas visões simplificadoras ou, como dizem, deterministas do ponto de vista econômico, para fenômeno tão complexo que é a constituição da cultura. No campo do marxismo, e o trabalho de Williams acaba por nele se localizar, desenvolveu-se e desenvolve-se o esforço de constituir uma teoria cultural que seja adequada para a análise da sociedade contemporânea.

Para tratar da contribuição de Marx, o autor lança mão do prefácio da obra: *Contribuição à crítica da economia política*, de 1859. Pela importância que tem esse fragmento, reproduzo-o aqui:

> Na produção social em que os homens se empenham, acabam eles submetidos a relações que são inevitáveis e independentes de suas próprias vontades; essas relações de produção correspondem a um estádio definido de desenvolvimento de suas forças materiais de produção. A soma total dessas relações de produção constitui a estrutura econômica da sociedade – o verdadeiro alicerce sobre o que se erguem superestruturas legais e políticas e que correspondem a formas definidas de consciência social. O modo de produção da vida material determina o caráter geral dos processos sociais, políticos e espirituais da vida. Não é a consciência dos homens que lhes determina a existência, mas, ao contrário, a existência social que determina suas consciências. (...) Com a mudança das fundações econômicas, transforma-se também, mais ou menos rapidamente, a imensa superestrutura. Ao considerar tais transformações, deve-se sempre distinguir entre a transformação material das condições econômicas, que podem ser determinadas com a precisão das ciências naturais, e as formas legais, políticas, religiosas, estéticas ou filosóficas – em suma: formas ideológicas – pelas quais os homens ganham consciência do conflito entre estrutura e superestrutura e o resolvem (WILLIAMS, 1969).

Williams ressalta que Marx registra que a superestrutura é questão de consciência humana e por isso é mais complexa, não só pela diversidade, mas também por ser histórica.

"Reconhecer essa complexidade é o primeiro elemento de controle de qualquer tentativa válida de elaborar uma teoria marxista" (WILLIAMS, 1969, p. 278). E, depois, citando Engels, afirma:

> Chega-se, em face disto, a um modelo diferente, em que a realidade se apresenta como um campo de forças muito complexo, dentro do qual as forças econômicas veem, por fim, revelar-se o elemento organizador.

A questão principal que Marx e Engels queriam ressaltar, segundo o autor, é que as leis do pensamento não são o motor principal do próprio desenvolvimento intelectual, pois este é fruto de impulsos que têm na objetividade social sua principal origem. O objetivo principal da crítica feita ao marxismo pelo pensamento liberal busca, de fato, recusar essa premissa. No mais, em que pesem as limitações reais do pensamento de

Marx sobre o tema, são explorações que pretendem, em última análise, invalidar essa visão.

Williams dá grande contribuição para afirmar os elementos fundamentais de uma teoria cultural marxista:

> Há, portanto, uma interação; mas não pode ela ser realmente compreendida, enquanto a força organizadora do elemento econômico não for reconhecida. Uma teoria marxista da cultura admitirá diversidade e complexidade, levará em conta a continuidade dentro da mudança, aceitará o acaso e certas autonomias limitadas; mas com essas ressalvas, considerará os fatos da estrutura econômica e as relações sociais deles decorrentes como o fio condutor que entretece uma cultura e, acompanhando-o, é que podemos compreendê-la (WILLIANS, 1969, p. 279-280).

A partir dessas reflexões, o autor vai afirmar que tanto aqueles que estão politicamente ligados ao marxismo, quanto seus críticos, acabaram durante um longo período realizando uma polêmica empobrecida. Os primeiros, por estarem empenhados em provar a existência de uma teoria marxista da cultura; os segundos, por nutrirem abertamente preconceitos políticos sobre o tema.

> Há, em verdade, entre os que se põem a criticá-lo, uma chocante ignorância acerca do que Marx escreveu, e a expressão "superestrutura" tem sido brandida como se fosse um palavrão, com as mais ridículas implicações. [...] Não obstante, não há como negar que Marx reduziu, em certo sentido, o valor da criação intelectual e artística; não se dá que desprezasse essa criação, deixando de reconhecê-la como notável conquista da humanidade; mas negou aquilo que até então se admitia, isto é, que era essa criação que ditava os rumos do desenvolvimento humano... (WILLIAMS, 1969, p. 284).

Grande parte dos marxistas do século passado, em especial aqueles ligados às experiências do chamado socialismo real, contribuiu sobremaneira para uma teoria marxista da cultura empobrecida ao subestimar ou, até mesmo, tentar normatizar essa esfera da sociedade, desconsiderando as ideias basilares de Marx.

A questão se o fator econômico é ou não determinante aparece para Williams como uma questão insolúvel, mas o autor revela que essa reflexão foi muito sentida no período estudado pela obra. Porém, como as transformações econômicas não aparecem isoladas nem em condições neutras, a possibilidade de afirmar sua determinação isoladamente é limitada e teórica.

O autor procura mostrar a importância e a validade do marxismo, sem, no entanto, utilizá-lo, como muitos marxistas fizeram, de maneira empobrecida, utilização que contribuiu sobremaneira para que os setores críticos do marxismo conseguissem na contenda acadêmica impingir-lhe o caráter de determinista.

Há ainda contribuições decisivas e polêmicas. A questão da definição da história da cultura, não apenas como uma evolução de si, mas como uma alteração substancial de sua própria definição, de seu conceito. "A história da ideia de cultura é a história do modo por que reagimos em pensamento e em sentimento à mudança de condições por que passou a vida." E segue: "Mas, as definições e significados que damos a esses acontecimentos, cuja história é a história da ideia de cultura, só podem ser compreendidos no contexto de nossas ações" (WILLIAMS, 1969, p. 305).

Essa observação tem bastante importância num momento em que vemos as profundas transformações por que passa o modo de vida da sociedade contemporânea, fazendo com que a cultura atual reflita os impasses, as angústias e também as potencialidades positivas do novo momento. Vimos que o modo de reagirmos às mudanças no século passado, diante do advento da Indústria Cultural, alterou concretamente nossa visão de cultura. O processo em curso, em que se aprofundam as tensões local/global e real cotidiano/real midiático, entre outras, parecem ter também dimensões suficientes para estarmos vivenciando uma inflexão na própria visão de cultura.

Outra questão é a definição de massa, bastante complicada, já que massa nunca somos nós ou nossos próximos, mas sempre os outros que eu não conheço.

A definição de "massa" ficou ainda mais complicada nos dias atuais. Primeiro, porque não se interrompeu o grande fluxo de pessoas rumo aos grandes centros urbanos, continuando então um processo de constituição de regiões metropolitanas que acabam por aglutinar um número impensável de pessoas desenraizadas e submetidas à lógica do sistema. Ainda nesse sentido, os meios de comunicação de massa ampliaram sobremaneira sua influência e sua abrangência. Por outro lado, o sentimento de local, de pertencimento, voltou com força extraordinária. Portanto, a ambiguidade do termo permanece e se aprofunda. Williams critica o termo por nublar as distinções existentes na cultura e esconder posicionamentos e conflitos.

O autor afirma que a chamada comunicação de massa e as novas técnicas em si, na pior das hipóteses, são neutras e que a única coisa que podemos criticar nelas é sua impessoalidade.

> Neste ponto, nosso erro está em não atentarmos que muito do que chamamos comunicação nada mais é do que transmissão: remessa num único sentido. Recepção e resposta, que completam a comunicação, dependem de fatores outros que não as técnicas (WILLIAMS, 1969, p. 311).

Aqui registramos duas observações importantes: a primeira diz respeito à neutralidade das técnicas. As técnicas não são negativas, mas, como são produzidas dentro de uma dada lógica e a ela tenta fortalecer, é preciso, sim, ter uma visão não de responsabilizar a técnica, mas de saber ver que ela, a partir de seu impulso de produção, traz em si certos elementos que não definem sua neutralidade. Porém, e aí concordamos com o autor, a questão central é a de que forma os homens dispõem da técnica. A segunda observação é a contribuição importante que Williams dá ao afirmar que recepção e respostas dependem de outros fatores, a se dizer sociais e culturais, que não os das técnicas.

Registro importante é a sua afirmação de que temos necessidade de observar as chamadas massas e seus valores e cotidiano, sem o preconceito do observador.

As chamadas massas desenvolveram, diante da pressão do cotidiano e de toda a ação dos meios de comunicação de massa, valores, crenças, padrões de comportamento que permitem que sobrevivam e busquem se realizar. Existem três tipos de posicionamentos correntes entre os observadores sociais: o primeiro é cheio de preconceito, procura estudar o "exotismo" do modo de vida dessa população; o segundo, também por uma visão discriminatória, desconsidera o modo de vida dessa imensa parcela; o terceiro procura entender os nexos dentro do contexto vivenciado por essas pessoas.

Criou-se certa visão em determinadas pessoas altamente educadas que so a leitura e uma atividade qualificada, inteligente e criadora, tendo um desprezo pelas demais atividades.

Na atualidade, prender a definição de atividade qualificada, inteligente e criadora ao exercício da leitura beira o absurdo. Primeiro, porque é possível ler muito sem nenhuma qualidade; segundo, porque se multiplicaram sobremaneira os modos de exercício criador, tanto intelectual quanto prático. O paradigma que conferia valor quase que exclusivo à literatura ou se exauriu ou se ampliou enormemente.

Outro destaque é a abordagem sobre comunicação e comunidade, na qual ele vai tratar da necessidade de ser revisto o processo de comunicação nos termos existentes, em especial a questão da recepção. Williams afirma:

> Recepção ativa e resposta viva dependem, por sua vez, de uma efetiva comunidade de experiência e sua qualidade depende, com igual certeza, do conhecimento de uma prática de igualdade entre os cidadãos. Os vários tipos de desigualdade, que ainda dividem a comunidade em que vivemos, tornam difícil ou impossível uma comunicação eficaz (WILLIAMS, 1969, p. 325).

Importante dizer que a visão de eficácia aqui mencionada não está referenciada na concepção funcionalista de obter efeitos, mas de realizar um processo de comunicação e integração.

A última questão que o texto destaca é a de uma cultura comum. Em sua avaliação, a necessidade de uma cultura comum não é uma abstração, mas condição para a sobrevivência. E quando fala de cultura comum não teme em usar o termo igualdade. "Uma cultura comum não é, em nenhum nível, uma cultura igual. Mas pressupõe, sempre, a igualdade do ser, sem a qual a experiência comum não pode ser valorizada" (WILLIAMS, 1969, p. 326).

Os meios de comunicação de massa buscam sempre a constituição de uma cultura comum por eles proposta e criada. Todavia, a visão de cultura comum aqui expressa não é a cultura dessas mídias, a cultura de apenas uma parte daqueles que "produzem" cultura industrialmente. Parte de um pressuposto mais coletivo e social, vinculado às formas de vida das pessoas em seu cotidiano.

Sua visão de constituição dessa cultura comum está embasada num processo de construção coletivo e solidário, de esforço mútuo, garantido pelo princípio fundamental de igualdade.

Marxismo e Literatura

A primeira edição de *Marxismo e Literatura* data de 1971. A obra é uma síntese do pensamento de Williams depois de longos anos de discussão da temática da cultura, que ele afirma ter-se realizado "num contato complexo e direto, embora por vezes não registrado, com as ideias e argumentos marxistas".

Além de sistematizar várias categorias da chamada teoria cultural marxista, o autor introduz contribuições próprias do que irá chamar materialismo cultural: uma teoria das especificidades da produção cultural e literária material, dentro do materialismo histórico. O autor registra que acredita que sua proposição é marxista por partir do pensamento central do marxismo.

Ele recoloca a questão de que os conceitos básicos não são inertes, mas se constituem em problemas, na verdade em movimentos históricos que os determinam.

Os conceitos básicos a que se propõe sistematizar são: cultura, língua, literatura e ideologia. Logo após, apresenta elementos da teoria cultural e da teoria literária.

Aqui trataremos dos conceitos básicos de cultura e ideologia; dos elementos da teoria cultural como infraestrutura e superestrutura, determinação, forças produtivas, do reflexo à mediação e hegemonia.

Comecemos então pela cultura. Ele empreende uma análise histórica do conceito de cultura, que já havia estado presente em sua obra *Cultura e Sociedade*.

Mais uma vez o autor chama atenção para a complexidade do conceito de cultura, para as variadas utilizações que lhe foram atribuídas durante a história e até mesmo para as utilizações conflitivas num mesmo momento histórico, por representarem disputas de concepções e visões de mundo. Reproduzimos um trecho no qual faz inventário dessas utilizações:

> A complexidade do conceito de "cultura" é, portanto, notável. Tornou-se um nome de um processo "íntimo", especializado em suas supostas agências de "vida intelectual" e "nas artes". Tornou-se também um nome de processo geral, especializado em suas supostas configurações de "modos de vida totais". Teve um papel crucial em definições de "artes" e "humanidades", a partir do primeiro sentido. Desempenhou papel igualmente importante nas definições das "Ciências Humanas" e "Ciências Sociais", no segundo sentido. Cada tendência se inclina a negar o uso do conceito à outra, apesar de muitas tentativas de reconciliação (WILLIAMS, 1979, p. 23).

A questão então é se estamos a tratar de uma teoria das artes e da vida intelectual em suas relações com a sociedade ou uma teoria do processo social que cria modos de vida específicos e diferentes. Ambas as abordagens existem ora em conflito, ora em tentativa de uma síntese.

Diferentemente da abordagem feita em *Cultura e Sociedade*, aqui o autor opta por expor a evolução histórica e essa tensão. Porém, fica claro seu posicionamento, ao longo da obra, de que sua visão está relacionada à concepção mais ampla de cultura. Posteriormente ele vai registrar que existem ao menos três significados utilizados para o conceito cultura: como conjunto de conhecimentos apropriados por pessoas ou grupos letrados; cultura como modo de vida; cultura confundida com sua parte, que são as manifestações artísticas.

Outro conceito básico abordado por Williams é o de ideologia. Ele vai afirmar que o conceito de ideologia não se originou no marxismo, mas que obviamente é parte fundamental desse pensamento sobre cultura em geral, e literatura em particular, também para o marxismo.

O autor lista três versões de ideologia que comparecem na literatura marxista, a saber:

- um sistema de crenças característico de uma classe ou grupo;
- um sistema de crenças ilusórias – ideias falsas ou consciência falsa – que se pode contrastar com o conhecimento verdadeiro ou científico;
- o processo geral da produção de significados e ideias.

Marx e Engels vão colocar a questão da ideologia a partir das causas primárias das ideias, introduzindo o terreno real da história como centro de produção das ideologias. Williams cita Marx para ressaltar essa visão:

> Partimos dos homens reais, ativos, e à base de seu processo de vida real demonstramos o desenvolvimento dos reflexos e ecos ideológicos desse processo de vida. Os fantasmas formados no cérebro humano são também, necessariamente, sublimações de seu processo de vida material, que é empiricamente verificável e limitado por premissas materiais (WILLIAMS, 1979, p. 64).

O autor aponta a justeza da afirmação por colocar a realidade como elemento de constituição das ideias, mas afirma também que dessa visão derivaram distorções que passaram a ver um processo material como primado e, as ideias, num outro momento, apartado, como reflexo.

Essa visão da constituição do pensamento como "etapa" seguinte, como reflexo automático da realidade objetiva, semeou muita discórdia no campo marxista e também dele com as demais correntes de pensamento. Parece-me que esta é uma apropriação inadequada do pensamento de Marx, que não via a constituição do pensamento como algo simples, sem um conjunto de mediações da luta cultural, social e política.

O autor demonstra que dentro da própria tradição marxista esses sentidos aparecem e conflitam-se, mesmo na obra de Marx e Engels, como nas abordagens posteriores, como as de Lênin.

Williams conclui com um questionamento importante:

> Mas, é uma questão aberta, a de saber se "ideologia" e "ideológico", como seus sentidos de "abstração" e "ilusão", ou seus sentidos de "ideias" e "teorias", ou mesmo seus sentidos de um "sistema" de crenças ou de significados e valores, são termos suficientemente precisos e praticáveis para uma redefinição tão radical e de tão longo alcance (WILLIAMS, 1979, p. 76).

A resposta a ser dada talvez seja a de que ideologia não pode ser "a chave" de explicação para essa redefinição tratada, mas que é, sim, um dos conceitos que permanecem e que nos auxiliam num processo mais complexo de "leitura" e transformação da realidade contemporânea.

Na análise da teoria cultural, através do capítulo Infraestrutura e Superestrutura, o autor faz uma afirmação decisiva, a saber:

> Qualquer abordagem moderna de uma teoria marxista da cultura deve começar pelo exame da proposição de infraestrutura determinante e de uma superestrutura determinada (WILLIAMS, 1979, p. 79).

Ao abordar a problemática da relação infraestrutura e superestrutura, afirma-se existir a possibilidade de apropriações diferenciadas a partir da produção teórica de Marx e Engels, mas critica parte dessa apropriação por suas visões reducionistas das próprias afirmações iniciais. Ele mostra o resultado dessas reduções:

> Estas foram então correlacionadas, seja temporalmente (primeiro produção material, em seguida consciência, depois a política e a cultura) ou, com efeito, forçando a metáfora, espacialmente ("níveis" ou "camadas" visíveis e distinguíveis – política e cultura, em seguida formas de consciência e assim por diante, até "a base" ou "infraestrutura") (WILLIAMS, 1979, p. 82).

Mas aí aparece a própria ironia dessas apropriações reducionistas: a verve crítica do pensamento de Marx foi exatamente o questionamento da separação de consciência e produção material, vendo-as como partes constitutivas de um mesmo processo determinado historicamente.

Para demonstrar que o pensamento original não corrobora com essas apropriações, cita um texto de Marx de 1857, no qual observa:

> Em relação à arte, sabe-se bem que alguns de seus momentos culminantes não correspondem ao desenvolvimento geral da sociedade nem, portanto, à subestrutura material, ao esqueleto, por assim dizer, de sua organização (WILLIAMS, 1979, p. 82).

Contra a visão de que o pensamento original desconsideraria a complexidade do tema, ele cita um trecho do ensaio *Feuerbach e o fim da filosofia clássica alemã*. Reproduzimos abaixo:

> Ideologias ainda mais altas, isto é, como as que estão ainda mais afastadas da base material, econômica, tomam a forma de filosofia e religião. Daí a interligação entre concepções e suas condições materiais de existência se tornar cada vez mais complicada, cada vez mais obscurecida pelos elos intermediários. Mas a interligação existe (WILLIAMS, 1979, p. 83).

Ainda no esforço de clarear o debate, Williams ressalta que um dos problemas das visões reducionistas foi exatamente compreender na metáfora infraestrutura/superestrutura a base como sendo algo meramente econômico, estático e não como relações sociais complexas e historicamente determinadas.

Na conclusão deste debate sobre infraestrutura e superestrutura, o autor apresenta sua visão de maneira clara:

> Só quando compreendemos que "a base", com a qual é comum relacionar as variações, é em si mesma um processo dinâmico e internamente contraditório – as atividades específicas e os modos de atividade, que vão de associação a antagonismo, dos homens reais e de classes de homens – que podemos começar a nos libertarmos da noção de uma "área" ou "categoria" dotada de certas propriedades fixas para dedução de processos variáveis de "superestrutura". A rigidez física dos termos exerce uma pressão constante contra sua compreensão. Assim, contrariando certa evolução do marxismo, não é a base e a superestrutura que necessitam de estudo, mas os processos reais, indissolúveis, dentro dos quais a relação decisiva, de um ponto de vista marxista, é a expressa pela ideia complexa de "determinação" (WILLIAMS, 1979, p. 86).

Fica claro, nessa passagem de seu trabalho, que Williams avalia que boa parte da produção do pensamento marxista "lê" a metáfora de maneira equivocada e que olha a questão da infraestrutura como sendo uma instância dada, paralisada, fixa, sem conflitos e contradições, leituras com as quais o pensamento original não corrobora.

A questão da determinação, segundo o autor, é o problema mais difícil da teoria cultural marxista. A partir dele, os adversários dessa teoria procuraram caracterizá-la como redutiva e determinista, já que ela representaria uma visão de que nenhuma atividade cultural teria sentido em si mesma, mas seria sempre reduzida a uma expressão direta ou indireta de um fator econômico que a precede e controla.

Pela pressão exercida pelos críticos dentro do próprio marxismo procurou-se minimizar ou até mesmo alterar essa ideia. No entanto, afirma Williams:

> Um marxismo sem algum conceito de determinação é, com efeito, destituído de validade. Um marxismo com muitos dos conceitos de determinação que tem hoje é radicalmente inválido (WILLIAMS, 1979, p. 87).

A questão da determinação, como produto de relações complexas e mediadas, está na formulação central de Marx, sem a qual o marxismo viraria mais uma corrente eclética no campo das ciências sociais. Por outro lado, a determinação vista como processo direto, sem mediações, acaba por constituir uma visão distorcida, empobrecida do processo gerativo da cultura e da ideologia.

Williams afirma que a base dessas críticas se encontra no prefácio de 1859. No entanto, diz ele, é preciso fazer uma distinção que precisa levar em conta até a tradução do texto. Segundo o autor, o termo usado por Marx tinha o sentido de "estabelecer fronteiras" ou "estabelecer limites" e não como uma visão de coisa exterior que controla e decide o destino. A ideia abstrata de determinação, como feita pelos religiosos, leva a uma impotência. A ideia científica de determinação, como Marx apontava, levaria a reconhecer condicionantes objetivos para a ação, ou seja, os limites com os quais nos deparamos.

Fica claro que o pensamento marxista posterior reforçou a posição de seus críticos, porque insistia no fato de que a materialidade econômica levaria de qualquer forma à superação do capitalismo. Foi com esse argumento que as forças inimigas do marxismo tentaram de todo modo caracterizá-lo como uma corrente que defendia um determinismo econômico que levaria a sociedade, mais cedo ou mais tarde, à superação do capitalismo e à afirmação do socialismo. Na verdade, essa compreensão de parcela do campo marxista mostrou suas limitações no próprio processo histórico que revelou o que o marxismo já afirmava: não haverá transformação social sem a ação consciente de homens e mulheres. Não serão o desenvolvimento das forças produtivas ou as crises recorrentes do capitalismo que irão sepultá-lo, ou seja, os fatores meramente objetivos. Se assim fosse, o século passado teria visto o fim do capitalismo, e não foi isso que ocorreu. O capitalismo conseguiu achar saídas para suas crises e reforçar-se como sistema dominante. Por isso, a ideia de condições determinadas não pode levar à vulgarização da análise que se faz da sociedade.

Afirma Williams: "Mas o sentido de condições determinadas pode desenvolver-se também de outras maneiras" (WILLIAMS, 1979, p. 89). Para isso, cita a frase que Engels escreveu para Bloch: "Nós mesmos fazemos a história, mas, em primeiro lugar, sob pressupostos e condições definidas". É, portanto, uma agência fundamental, mas que tem determinações, neste caso, fixação de limites. A distinção então só poderia ser feita em termos de objetividade histórica e objetividade abstrata. A primeira diz respeito às condições históricas herdadas, que estabelecem as condições para a agência humana; a segunda diz respeito a uma condição absoluta, completamente sem controle e sem possibilidade de agência humana.

Para o autor, é preciso ver o conceito de determinação histórica nos seguintes termos:

> Esse tipo de determinação – um processo complexo e inter-relacionado de limites e pressões – está na própria totalidade do processo social e em nenhum outro lugar: não num "modo de produção" abstrato, nem numa "psicologia" abstrata (WILLIAMS, 1979, p. 91).

Na sequência, o autor ainda trata da questão da "superdeterminação"[1] como conceito utilizado no campo marxista:

> O conceito de "superdeterminação" é uma tentativa de evitar o isolamento de categorias autônomas, mas ao mesmo tempo de ressaltar práticas relativamente autônomas e, não obstante, interativas, é claro (WILLIAMS, 1979, p. 92).

Na parte relativa às forças produtivas, o que se vai resgatar é que Marx viu a questão da produção como um processo social, não como partes separadas, estanques, da forma que tentaram vulgarizar seus críticos. "Não foi o marxismo, mas os sistemas que combateu e continua combatendo que separaram e fizeram abstração de várias partes desse processo social" (WILLIAMS, 1979, p. 95).

Uma das grandes contribuições de Marx foi justamente demonstrar que o mercado e o capital eram, em última instância, relações sociais dentro de um circuito de produção e reprodução capitalista.

Reproduzimos abaixo um trecho que, além de ser importante para o debate das forças produtivas, ressalta a questão da produção cultural:

---

[1] Em outras obras marxistas, o termo aparece como "sobredeterminação". Mantemos aqui na forma apresentada nesta edição.

A complexidade desse processo é especialmente notável nas sociedades capitalistas adiantadas, onde está fora de cogitação isolar a "produção" e "indústria" da produção comparavelmente material de sua "defesa", "lei e ordem", "bem-estar", "entretenimento" e "opinião pública". Ao deixar de perceber o caráter material da produção de uma ordem social e política, esse materialismo especializado (e burguês) deixou também, e de forma ainda mais conspícua, de compreender o caráter material da produção de uma ordem cultural (WILLIAMS, 1979, p. 96).

Na abordagem sobre reflexo e mediação, Williams afirma que a consequência da fórmula infraestrutura/superestrutura, na questão da arte, é vê-la, assim como o pensamento, como "reflexo". A metáfora de reflexo, segundo o autor, tem longa trajetória na história da arte. Foi utilizada tanto para caracterizar a arte como um "espelho da natureza", como um "espelho do mundo real", quanto de um "espelho pelo qual podem ser vistos não os reflexos do real, mas de seus processos constitutivos, de sua natureza interior".

No entanto, a metáfora levou a uma visão mecânica e estática do processo em si.

Para o autor:

Além disso, havia uma distinção crucial entre o "materialismo mecânico" – ver o mundo como objetos e excluir a atividade – e o "materialismo histórico" – ver o processo da vida material como atividade humana (WILLIAMS, 1979, p. 99).

A segunda visão partia da ideia de que é preciso ver o mundo real não como algo acabado e inerte, mas como um processo social material com certas qualidades e tendências inerentes.

A polêmica e as limitações da metáfora levaram ao surgimento do conceito de "mediação". Segundo o autor, "'mediação' pretendia descrever um processo ativo" (WILLIAMS, 1979, p. 101).

No entanto, o sentido dominante de mediação era o da relação entre adversários ou estranhos, o que não se configurava propriamente no processo que se tentava descrever. No entanto, o conceito acabou por se firmar, mesmo assim tendo que ser mais claramente delimitado, para não manter em si uma visão mecânica ou de externalidade da relação entre sociedade e arte. "Assim, a mediação é um processo positivo na realidade social, e não um processo a ela acrescentado como projeção, disfarce ou interpretação" (WILLIAMS, 1979, p. 102).

Vemos então a mediação não como um elemento externo, mas como a própria teia complexa de elementos intervenientes que acabam por gerar na sociedade as ideias, as culturas e as ideologias em conflito.

Em que pese avaliar o conceito como limitado por ainda manter certa visão de "intermediário", Williams acaba por afirmar que ele é preferível à metáfora do reflexo, por aparecer como processo mais positivo e constitutivo.

A questão da mediação também foi tendo apropriações diferenciadas, que não as afirmadas acima; algumas delas, inclusive, voltando-se contra a própria ideia da importância do econômico no processo.

Capítulo 4
Estudos Culturais Ingleses – Stuart Hall

Assim como procedemos com Williams, aqui faremos uma leitura de textos importantes de Stuart Hall: O *Problema da Ideologia – o marxismo sem garantias* e *Identidade Cultural na Pós-Modernidade*.[1]

O problema da ideologia – O marxismo sem garantias

Segundo Hall, a teoria marxista passou por um verdadeiro *revival* assimétrico e irregular. O marxismo tem-se mantido como polo de oposição às concepções burguesas, mas também atuado como polo de reflexão que serve de ponte para outros campos intelectuais. Para o autor, o marxismo está sempre sendo "transcendido" e "preservado", e o local mais adequado para se observar isso é na questão da ideologia.

O pensamento marxista, que além de instrumento de análise se propõe também como programa de mudança da realidade, não tem seus embates e debates circunscritos à academia. Ele vive os avanços e recuos de toda uma vaga transformadora da sociedade e, por isso, em determinados momentos diminui ou amplia sua influência. É indiscutível que inúmeros intelectuais que se consideravam marxistas ficaram "intimidados" pelo furor da Pós-Modernidade e pelo fracasso das experiências do Leste Europeu. Porém, quando o processo de luta evolui, vê-se que é o marxismo ainda o reduto de uma consciência crítica e transforma-

---

[1] Utilizamos aqui o título apresentado na edição brasileira, mas que nos parece obviamente distorcido, já que na versão original não se faz alusão à Pós-Modernidade – *The question of cultural identity*. A leitura do texto reforça a ideia de que houve distorção, já que o autor trabalha com o conceito de Modernidade tardia.

dora do capitalismo, em que pese que esse sistema venha assistindo a mudanças de monta.

O objetivo de Hall com o ensaio é, então, identificar fragilidades e limitações das formulações clássicas sobre ideologia e analisar criticamente as contribuições posteriores.

Hall afirma que a questão da ideologia ganhou maior visibilidade na Europa pelos seguintes motivos:

> Em primeiro lugar, os desenvolvimentos concretos dos meios pelos quais a consciência de massa é moldada e transformada – o crescimento maciço das "indústrias culturais". Em segundo lugar, as preocupantes questões do "consentimento" das massas trabalhadoras ao sistema, nas sociedades capitalistas avançadas da Europa e, portanto, sua estabilização parcial, contrariando todas as expectativas (HALL, 2003, p. 266-267).

A questão é, portanto, procurar entender como as ideias diferentes ganham a consciência das massas e se tornam uma força material.

Para seguir esse objetivo, o autor posiciona-se quanto à definição de ideologia:

> Por ideologia eu compreendo os referenciais mentais – linguagens, conceitos, categorias, conjunto de imagens do pensamento e sistemas de representação – que as diferentes classes e grupos sociais empregam para dar sentido, definir, decifrar e tornar inteligível a forma como a sociedade funciona (HALL, 2003, p. 267).

Para o autor, Marx não desenvolveu uma explicação geral sobre o funcionamento das ideias sociais, mas fez comentários que nunca pretenderam dar conta da temática como um todo. Segundo ele, o problema da ideologia para o marxismo pode estar em considerar esses comentários como teorizações completas.

Assim como Williams vai afirmar que Marx não produziu uma teoria cultural, Hall aqui registra que existem no marxismo os elementos iniciais, e às vezes contraditórios, do que poderia ser a concepção clara de Marx sobre a questão da ideologia. O autor verifica que estão mesmo no pensamento original de Marx as referências que possibilitam leituras distintas sobre o mesmo tema.

Segundo Hall, contemporaneamente o termo ideologia acabou adquirindo um sentido mais amplo e descritivo para denominar *todas* as formas organizadas do pensamento social:

Quero dizer com isso tanto os conhecimentos práticos quanto os teóricos que nos possibilitam "fazer uma ideia" da sociedade, em cujas categorias e discursos "vivenciamos" nosso posicionamento objetivo nas relações sociais (HALL, 2003, p. 268).

No entanto, ao visitar a obra de Marx, notamos que ele utiliza a palavra ideologia às vezes com essa conotação, mas com muito maior frequência a utiliza para designar as manifestações do pensamento burguês, principalmente as características negativas e distorcidas deste.

Hall afirma que Marx apresentou certas teses mais elaboradas, que constituiriam a base de sua teoria, e na sequência lista três delas: a premissa de que as ideias surgem das condições materiais e refletem as circunstâncias nas quais foram geradas; as ideias são apenas efeitos dependentes do nível econômico, em última instância; a correspondência fixa entre a dominância na esfera socioeconômica e ideológica. E coloca que:

> Dizer que as ideias são "meros reflexos" estabelece seu materialismo, porém as deixa sem efeito específico; um domínio de pura dependência. Afirmar que as ideias são determinadas, em última instância, pelo econômico é tomar o caminho do reducionismo econômico. Em última análise, as ideias podem ser reduzidas à essência de sua verdade – seu conteúdo econômico (HALL, 2003, p. 270).

Os marxistas argumentam principalmente, baseados em Engels, que Marx não via essas questões com as limitações ressaltadas, mas sim de maneira mais complexa e em movimento, além de que algumas de suas afirmações faziam parte de um exagero na polêmica travada contra o idealismo especulativo.

De qualquer forma, é preciso reconhecer que há no pensamento marxista tanto a possibilidade dessas distorções registradas, principalmente quando se parte de análises parciais de sua obra, assim como também é possível ver a questão da ideologia de maneira mais contextualizada, a exigir desenvolvimento criativo num sentido de complexidade e de mediações.

Dentro da polêmica irá se destacar Althusser, que, segundo o autor, foi o grande responsável pelo deslocamento radical da metáfora base/superestrutura. Essa afirmação carece de maiores explicações pelo autor, talvez presentes no texto *Significação, representação, ideologia – Althusser e os debates pós-estruturalistas*. No referido texto, Hall afirma que Althusser o convenceu de que a sociedade vista como "a totalidade de Marx" não era uma estrutura simples, mas, sim, essencialmente complexa. E vai, posteriormente, introduzir um conceito trabalhado por Althusser: estrutura em dominância. Vejamos:

> Evidentemente, uma formação social não apresenta uma estrutura complexa simplesmente porque nela tudo interage com tudo – essa é a abordagem tradicional, sociológica e multifatorial, que contém prioridades determinantes. Uma formação social é uma "estrutura em dominância". Exibe certas tendências distintas, um certo tipo de configuração e uma estruturação definida.

E mais adiante:

> Sua ruptura com a questão monística do marxismo demandou a teorização da diferença – o reconhecimento de que há distintas contradições sociais cujas origens são também diversas; que as contradições impulsionam processos históricos que nem sempre surgem no mesmo lugar, nem causam os mesmos efeitos históricos (HALL, 2003, p. 161).

Utilizando-se de Althusser, Hall vai reexaminar as primeiras formulações de Marx sobre ideologia, baseado na opinião de que as críticas a elas feitas não abolem inteiramente seu papel essencial para uma teoria materialista da ideologia.

Uma primeira pergunta que o autor coloca, tentando entender a ideia de ideologia distorcida, é: a ideologia funciona como uma propaganda consciente de classe?

Em nossa opinião, a pergunta está mal formulada, pois parece óbvio que a classe, por crer mesmo em seus valores ideológicos, luta por fazê-los dominantes na sociedade. A melhor formulação para a pergunta talvez fosse a seguinte: a classe produz conscientemente ideias falsas sobre a realidade para ganhar a consciência das massas? Assim, a pergunta levaria diretamente à questão da ideologia distorcida, nos termos que ele segue tratando.

Segundo Hall, a questão da ideologia distorcida teria como base não uma deliberação da classe, mas uma interdição:

> Especificamente, as características distorcidas ou ideológicas advinham do fato de que elas pressupunham as categorias da economia política burguesa como fundações de todo cálculo econômico, recusando a ver a determinação histórica de suas origens e premissas; e, na outra ponta, advinha do pressuposto de que, com a produção capitalista, o desenvolvimento econômico havia chegado não apenas ao seu mais alto ponto naquele momento (Marx concordava com isso), mas também ao seu apogeu e conclusão final (HALL, 2003, p. 277).

O autor mostra que o que Marx afirmava como distorção era a tendência de a economia política burguesa avaliar apenas parte do circuito produtivo (o mercado), como se ele fosse o todo. Como mostrava parte da realidade, mas não toda a realidade, e com base nesta parte construía todo seu pensamento, identificava ali uma distorção, uma falsidade. Segundo ele, com base na chamada liberdade de mercado a burguesia teria erigido todo seu discurso também ideológico de liberdade, igualdade e fraternidade. Assim: "As categorias ideológicas 'escondem' essa realidade subjacente e as substituem pelas 'verdades' das relações de mercado" (HALL, 2003, p. 278).

No entanto, para combater essa apologia do mercado, em vez de assumir a visão de Marx de que a produção capitalista é um "circuito", passou-se em algumas apropriações a uma visão produtivista e também unilateral, pois recusava o discurso elaborado em função de uma parte, o mercado, por outro elaborado em função de outra parte, a produção, não vendo também a questão como um circuito, um processo.

Hall vai, portanto, afirmar que tanto uma visão exclusiva de mercado quanto uma visão produtivista irão gerar um relato unilateral. "Explicações unilaterais são sempre distorções. Não que sejam mentiras sobre o sistema, mas no sentido de que uma 'meia verdade' não pode ser a verdade inteira de coisa alguma" (HALL, 2003, p. 270).

Assim, se é utilizado o relato unilateral, sempre produzirá uma explicação falsa, como no caso de analisar o mercado ou a produção fora do circuito capitalista.

Portanto, a falsidade surgiria não da inexistência do mercado e de sua importância, mas porque constitui uma explicação insuficiente de um processo, pois transforma a parte no todo. Mesmo levando em conta que: "Em um mundo saturado pela troca monetária e completamente mediado pelo dinheiro, a experiência do 'mercado' é a experiência mais imediata, diária e universal do sistema econômico para todos" (HALL, 2003, p. 283).

Nos tempos atuais, em que se retomou de maneira ostensiva a apologia do mercado como regulador, é preciso dizer que se radicalizou ainda mais essa tendência, no senso comum, de avaliar o sistema a partir da parte "mercado".

Partindo dessa análise, Hall vai propor substituir os conceitos de "falso" ou "verdadeiro" por outros que ele considera mais precisos: como "parcial" e "adequado" ou "unilateral", ou "em sua totalidade diferenciada":

Afirmar que um discurso teórico permite a apreensão adequada de uma relação concreta "no pensamento" é o mesmo que dizer que o discurso nos permite uma apreensão mais completa de todas as relações que compõem aquela relação e das muitas determinações que definem suas condições de existência (HALL, 2003, p. 270).

Assim, como derivado das leituras completas ou parciais, teríamos os discursos que nos situam como atores sociais e definem certas identidades sociais. Hall vai demonstrar visões sobre o papel da linguagem na expressão das ideologias e vai afirmar que muitas vezes um mesmo conceito, como democracia, por exemplo, é alvo de disputa entre posições diferentes, entre sistemas explicativos diferentes, que expressam interesses divergentes:

> A expropriação do conceito tem que ser contestada através do desenvolvimento de uma série de polêmicas, por intermédio de formas particulares de luta ideológica: para destacar um significado deste conceito do domínio da consciência pública e suplantá-lo dentro da lógica de outro discurso político (HALL, 2003, p. 287).

Hall vai argumentar, a partir de Gramsci, que a luta ideológica não é a luta pela substituição de um modo integral de pensamento por outro completamente pronto, mas que é na verdade uma "guerra de posições", até constituir um novo corpo explicativo hegemônico.

Na sequência, ele vai afirmar a importância do senso comum que acaba por constituir o domínio do pensamento prático das massas: "Gramsci insistiu que era precisamente neste terreno que a luta ideológica ocorria com mais frequência". E segue: "Neste sentido, a luta ideológica faz parte de uma luta social geral por controle e liderança – em suma, pela hegemonia" (HALL, 2003, p. 290).

Hall tira conclusões sobre a questão da relação entre o econômico e o ideológico:

> O econômico fornece o repertório de categorias que será utilizada no pensamento. O que o econômico não pode fazer é: (a) fornecer os conteúdos particulares dos pensamentos das classes ou grupos econômicos em qualquer tempo específico; ou (b) fixar ou garantir para sempre quais ideias serão utilizadas por quais classes. A determinação do econômico sobre o ideológico pode, portanto, acontecer apenas em termos do estabelecimento anterior de limites que definam o térreo das operações, estabelecendo a "matéria-prima" do pensamento. As circunstâncias materiais são a rede de restrições das "condições de existência" do pensamento prático e do cálculo sobre a sociedade (HALL, 2003, p. 291).

Assim, procura romper com a leitura que expressa um determinismo econômico e apontar que as relações entre os diversos níveis são de fato determinadas, mas *mutuamente* determinadas, e que essa abertura relativa é necessária para o próprio marxismo como teoria. E conclui:

> Compreender a "determinação" em termos do estabelecimento de limites e parâmetros, da definição de espaços de operação, das condições concretas de existência, do caráter "já dado" das práticas sociais, em vez da previsibilidade absoluta dos resultados específicos, é a única base de um "marxismo sem garantias finais" (HALL, 2003, p. 270).

Através desse caminho o marxismo mostra-se como pensamento vivo, rompendo com o dogmatismo e unilateralidade de observação dos que desejam viver sob uma *certeza teórica*.

Concordamos com essa perspectiva apontada pelo autor, já que o marxismo não almeja configurar, como faz correntes teóricas ligadas ao liberalismo, dogmas a partir dos quais temos que atuar. Ele aspira ser exatamente uma teoria viva com capacidade de análise do capitalismo e suas mutações internas e, mais, de ser base para a constituição de consciências para sua superação.

O segundo trabalho que vamos visitar de Stuart Hall é *The question of cultural identity*, um texto de 1992 que procura analisar a questão da identidade cultural dentro do ambiente de transformações objetivas e subjetivas por que passou a sociedade. A edição brasileira, de 1999, traz uma distorção no título: *A identidade cultural na Pós-Modernidade*.

A questão da identidade cultural

Hall afirma que existe um processo de mudança que está deslocando as estruturas e os processos centrais das sociedades modernas e abalando os quadros de referência até então aceitos no mundo social. A proposta dele é analisar as questões da identidade cultural dentro dessas mudanças da Modernidade tardia.

Apesar de afirmar simpatia por visões existentes de que as identidades modernas estão sendo descentradas, ele afirma que as formulações do texto são provisórias e abertas à contestação, até porque o conceito de identidade segundo ele é demasiadamente complexo.

> Um tipo diferente de mudança estrutural está transformando as sociedades modernas no final do século XX. Isso está fragmentando as paisagens culturais

de classe, gênero, sexualidade, etnia, raça e nacionalidade, que, no passado, nos tinham fornecido sólidas localizações como indivíduos sociais. Estas transformações estão também mudando nossas identidades pessoais, abalando a ideia que temos de nós próprios como sujeitos integrados. Esta perda de um "sentido de si" estável é chamada algumas vezes de deslocamento ou descentração do sujeito. Esse duplo deslocamento – descentração dos indivíduos tanto de seu lugar no mundo social e cultural quanto de si mesmos – constitui uma "crise de identidade" para o indivíduo (HALL, 1999, p. 9).

Hall trabalhará então com três concepções de identidade: do sujeito iluminista; do sujeito sociológico e do sujeito pós-moderno.

O primeiro era o sujeito centrado, racional e consciente e o centro essencial do eu era a identidade de uma pessoa. Já no sujeito sociológico, a identidade era constituída a partir da interação do eu e a sociedade, ou seja, representava praticamente uma sutura do sujeito e a estrutura. O sujeito pós-moderno não tem uma identidade fixa, é uma celebração móvel, com identidades contraditórias e continuamente deslocadas. Claro que essas definições são, em alguma medida, simplificações segundo o próprio autor. Na verdade, não existe, a não ser no plano teórico, um sujeito "puro" nas categorias apresentadas.

Para analisar a questão da identidade, ele vai tratar então do caráter da mudança na Modernidade tardia. Para isso, ele lança mão de diversos autores, como Marx, Giddens, Harvey e Laclau.

> Para Marx a própria Modernidade é "um permanente revolucionar da produção, o abalar ininterrupto de todas as condições sociais". Em Giddens, as mudanças estão referenciadas na interconexão de áreas diferentes do globo, que promovem a "extração" das relações sociais de seus contextos locais de interação e sua reestruturação ao longo de escalas indefinidas de espaço-tempo. Harvey fala de um rompimento impiedoso com toda e qualquer condição precedente, com um processo sem-fim de rupturas e fragmentações dentro de seu próprio interior. Para Laclau, as sociedades modernas não têm nenhum centro, princípio articulador ou organizador único e não se desenvolvem de acordo com o desdobramento de uma única "causa" ou "lei". Giddens, Harvey e Laclau oferecem leituras um tanto diferentes da natureza da mudança do mundo pós-moderno, mas suas ênfases na descontinuidade, na fragmentação, na ruptura e no deslocamento contêm uma linha comum (HALL, 1999, p. 18).

Na verdade, o ponto comum de todos esses autores é a concordância de que existem mudanças de vulto e que delas se desprende o desafio de novas análises. As bases a partir das quais cada um vai fazer suas análises são diversas e até contraditórias.

Na caracterização da sociedade contemporânea, pensamos que se repete o erro de termos relatos parciais como verdades completas. Podemos falar sim de fragmentação, que é uma verdade parcial, já que, por outro lado, nunca vivemos num sistema tão integrado. Uma análise mais detida da realidade atual nos levaria não a uma definição de uma tendência clara, hegemônica em seus variados aspectos, mas para uma análise de uma realidade conflitiva, em que partes se confrontam na tentativa de configurar o real.

Em alguns momentos do próprio marxismo, como desdobramento de leituras simplificadoras, a questão da classe enfeixava como elemento primordial todas as explicações para o posicionamento na sociedade. Parece-me claro que essa visão não era correta anteriormente e que, com as mudanças ocorridas no último período, tornou-se insustentável. Por outro lado, o fato de a categoria classe não expressar toda a questão do posicionamento social não nos permite cair exatamente no oposto: afirmar que classe não cumpre mais nenhum papel num sistema explicativo da sociedade contemporânea, que, em que pese ter novas configurações, permanece assentada na lógica capitalista.

Hall vai empreender uma rica análise do surgimento do chamado sujeito moderno. Logo após, então, procura mostrar como ele vai sendo descentrado.

Hall coloca:

> Aquelas pessoas que sustentam que as identidades modernas estão sendo fragmentadas argumentam que o que aconteceu à concepção do sujeito moderno, na Modernidade tardia, não foi simplesmente sua desagregação, mas seu deslocamento (HALL, 1999, p. 34).

O autor vai identificar cinco avanços da teoria social que acabaram por contribuir para o descentramento do sujeito moderno:
- as contribuições de Marx;
- as contribuições de Freud;
- as contribuições de Saussure;
- as contribuições de Foucault;
- o feminismo e os novos movimentos sociais.

Segundo o autor, essas contribuições para o pensamento social acabaram por atingir em cheio a concepção de homem moderno, racional, centrado, dono de seu próprio destino, centro do universo.

No entanto, não foram somente as contribuições teóricas diversas que colocaram a concepção de sujeito moderno em xeque. Mudanças objetivas concorreram também para que a concepção ficasse em condições de difícil sustentação.

Hall vai analisar como fica, na Modernidade tardia, a identidade nacional, como está sendo afetada ou deslocada pelo processo de globalização.

Para ele, a nação não pode ser vista somente como uma entidade política, mas algo que produz sentidos: um sistema de representação cultural. Esse sistema só pode ser entendido dentro de uma análise histórica, já que nação também é um processo permanente de construção e reconstrução.

O autor afirma ainda que as culturas nacionais são uma forma distintivamente moderna. Porém, acrescenta: apesar de remontarem aspectos longínquos de sua constituição e de conviverem com muitos aspectos que não se encaixariam exatamente numa concepção de Modernidade.

Hall afirma que as culturas nacionais vão além de instituições, pois se constituem em um discurso, "um modo de construir sentidos que influencia e organiza tanto nossas ações quanto a concepção que temos de nós mesmos" (HALL, 1999, p. 50).

No entanto, antes de se constituir num discurso, as identidades nacionais se apresentam como história. Os discursos decorrem desta história, dela se apropriando de maneiras diversas.

A pergunta que Hall coloca é a seguinte: que estratégias representacionais são acionadas para construir nosso senso comum sobre o pertencimento ou sobre a identidade nacional?

Ele inclui cinco aspectos na resposta:

- a narrativa da nação, como é contada e recontada nas histórias e nas literaturas nacionais, na mídia e na cultura popular;
- ênfase nas origens, na continuidade, na tradição e na intemporalidade;
- a invenção de tradição;
- a criação de um mito funcional em torno das origens da nação;
- a ideia de um povo puro, original.

"O discurso da cultura nacional não é, assim, tão moderno como aparenta ser. Ele constrói identidades que são colocadas, de modo ambíguo, entre o passado e o futuro" (HALL, 1999, p. 56).

Para Hall, existem três conceitos para analisarmos o que torna a constituição da cultura nacional uma "comunidade imaginada": as memórias do passado, o desejo por viver em conjunto, a perpetuação da herança; e poderiam também ser definidos como sua história, as disputas do presente e os projetos de futuro.

Hall afirma que as culturas nacionais são também uma estrutura de poder cultural, já que para se constituírem precisaram esmagar e submeter diferenças através de um longo e violento processo de unificação.

O caso brasileiro é exemplar nesse aspecto. O Brasil, como afirma Darcy Ribeiro, foi unificado através de violência permanente e da submissão de desejos e vontades de uma expressiva maioria de sua população.

Hall demonstra que buscam a etnia como algo "fundacional", mas que não existe na Europa Ocidental uma nação sequer que seja constituída de um único povo. "As nações modernas são, todas, híbridos culturais" (HALL, 1999, p. 62).

Também a questão de raça aparece como argumento, mas ela não se sustenta, porque na verdade raça é uma categoria discursiva e não biológica, argumenta Hall, apesar de reconhecer que isso não evita que ela seja acionada para fins de articulação de sociedades e nações.

> As identidades nacionais não subordinam todas as formas de diferença e não estão livres do jogo de poder, de divisões e contradições internas, de lealdades e de diferenças sobrepostas (HALL, 1999, p. 65).

A questão nacional vem sendo, durante um longo período histórico, a expressão de um projeto capitalista, que tinha nas dimensões nacionais seu desenvolvimento e nas burguesias nacionais, seu ator principal. No entanto, com a globalização do capital e articulação dessas burguesias com o circuito internacional, a bandeira nacional foi herdada por setores populares que veem na globalização a inviabilidade para seus projetos.

Ao tratar da questão da globalização e de seus impactos na questão da identidade cultural, Hall utiliza a definição de globalização de Anthony McGrew:

> A "globalização" se refere àqueles processos, atuantes numa escala global, que atravessam fronteiras nacionais, integrando e conectando comunidades e organizações em novas combinações de espaço-tempo, tornando o mundo, em realidade e em experiência, mais interconectado (HALL, 1999, p. 67).

Ressaltando que a globalização não é algo recente e que ela é um processo inerente tanto à Modernidade quanto ao capitalismo, aponta que existem duas tendências atuando em tensão nessa realidade: tendência da autonomia nacional e tendência à globalização.

Aqui encontramos mais um dos pares de tensão que caracterizam nosso tempo: nacional/global. Afirmar que o elemento determinante da realidade hoje é um desses termos seria um relato parcial, já que o que vemos é uma tensão complexa entre eles. Quando pensamos no global, explodem resistências locais, regionais, étnicas, religiosas. Quando pensamos no nacional, vemos organizações e transações globais condicionando e impondo certas realidades. Falar da realidade atual ressaltando somente um desses aspectos seria uma falsificação.

Hall vai então examinar três possíveis consequências do processo de globalização para a questão da identidade:

- Se as identidades nacionais estão se desintegrando;
- Se as identidades locais estão sendo reforçadas;
- Se as identidades nacionais estão em declínio, mas novas identidades, híbridas, estão tomando seu lugar.

Na análise, o autor vai ressaltar a questão da compressão espaço-tempo:

> O que é importante para nosso argumento quanto ao impacto da globalização sobre a identidade é que o tempo e o espaço são também coordenadas básicas de todos os sistemas de representação (HALL, 1999, p. 70).

Para Hall essas mudanças têm profundo impacto na questão da identidade, já que ele parte da visão de que a identidade está profundamente envolvida no processo de representação:

> Assim, a moldagem e remoldagem de diferentes sistemas de representação têm efeitos profundos sobre a forma como as identidades são localizadas e representadas (HALL, 1999, p. 71).

Hall identifica em alguns teóricos a tendência de considerar a identidade cultural nacional como algo que vai sendo desconstruída pela globalização.

Diante da polêmica, ele se posiciona:

> Quanto mais a vida social se torna mediada pelo mercado global de estilos, lugares e imagens, pelas viagens internacionais, pelas imagens da mídia e pelos sistemas de comunicação globalmente interligados, mais as identidades se tornam

desvinculadas – desalojadas – de tempos, lugares, histórias e tradições específicos e parecem "flutuar livremente". Somos confrontados por uma gama de diferentes identidades (cada qual nos fazendo apelos a diferentes partes de nós), dentre as quais parece possível fazer uma escolha (HALL, 1999, p. 75).

É preciso ressaltar, no entanto, que é no local que a esmagadora maioria da população vive seu cotidiano, recebendo, sim, constantes fluxos de ideias e influências globais, mas confrontadas com realidades concretas que não lhe oferecem muitas alternativas de identidade, a não ser a de excluído ou discriminado.

No fundo, o que se está discutindo, segundo Hall, é a tensão entre o "global" e o "local" na constituição das identidades, entre formas mais particularistas de vínculo e certo tipo de universalismo nos termos da atual globalização.

Hall apresenta três contratendências à "homogeneização cultural" afirmada por alguns teóricos. A primeira afirma que o global não está substituindo o local, mas que há um novo tipo de articulação desses níveis na constituição da realidade. A segunda é que a globalização é muito desigualmente distribuída ao redor do globo, estabelecendo a necessidade de uma "geometria do poder" da globalização. A terceira é a ideia de que a globalização é um fenômeno essencialmente ocidental, já que existem relações desiguais de poder entre o "Ocidente" e o "Resto". Nestes termos, afirma-se que o capitalismo global é, na verdade, um processo de ocidentalização.

Diríamos que ambas as alternativas atuam em composição para definir a realidade contemporânea.

É verdade, pois, que o fenômeno não é restrito ao Ocidente, mas que ele é seu elemento impulsionador e que dele emana, em especial dos EUA, a hegemonia econômica, cultural e política desse processo de globalização.

Hall assim coloca:

> Como conclusão provisória, parece então que a globalização tem, sim, o efeito de contestar e deslocar as identidades centradas e "fechadas" de uma cultura nacional. Ela tem um efeito pluralizante sobre as identidades... Entretanto, seu efeito geral permanece contraditório (HALL, 1999, p. 80).

Afirma ainda que a tendência maior é a da tradução, em termos de transpor fronteiras, para aquelas pessoas que passam a viver em outras nações. Nem voltam atrás, nem assimilam sem trocas a cultura de seu novo local:

> Eles são produtos das novas diásporas criadas nas migrações pós-coloniais. Eles devem aprender a habitar, no mínimo, duas identidades, a falar duas linguagens culturais, a traduzir e a negociar entre elas (HALL, 1999, p. 89).

Essas pessoas são obrigadas a ser traduzidas, transportadas que são de uma realidade cultural a outra. Hall assevera que "as culturas híbridas constituem um dos diversos tipos de identidade distintivamente novos produzidos na era da Modernidade tardia" (HALL, 1999, p. 80).

Por fim, Hall vai identificar o ressurgimento do nacionalismo em inúmeras localizações do globo, como sendo uma contratendência à globalização.

Conclui o trabalho com as seguintes reflexões:

> Entretanto, a globalização não parece estar produzindo nem o triunfo do "global", nem a persistência, em sua velha forma nacionalista, do "local". Os deslocamentos ou os desvios da globalização mostram-se, afinal, mais variados e contraditórios do que sugerem seus protagonistas ou seus oponentes. Entretanto, isto também sugere que, embora alimentada, sob muitos aspectos, pelo Ocidente, a globalização pode acabar sendo parte daquele lento e desigual, mas continuado, descentramento do Ocidente (HALL, 1999, p. 97).

Capítulo 5
Estudos Culturais na América Latina – Canclini e Martín-Barbero

Analisaremos como os Estudos Culturais atravessaram o oceano e vieram instalar-se aqui na América Latina e quais suas contribuições para o nosso esforço de entendimento da sociedade contemporânea. No caso latino-americano, optamos por analisar parte da produção intelectual de Néstor García Canclini e de Jesús Martín-Barbero. De Canclini, *Culturas híbridas* e *A globalização imaginada*; de Martín-Barbero analisei *Dos meios às mediações*.

Culturas híbridas

Nesta obra, Canclini procura fazer um balanço do desenvolvimento da América Latina do ponto de vista cultural, apontando para um processo de convivência conflitiva, mas também combinatória, do culto, do popular e do massivo.

É dentro desse esforço de pesquisa que ele lança mão do conceito de hibridação para descrever:

> ... processos socioculturais nos quais estruturas ou práticas discretas, que existiam de forma separada, se combinam para gerar novas estruturas, objetos e práticas (CANCLINI, 2003a, p. XIX).

O conceito, segundo o autor, não é novo e já foi utilizado por outros teóricos, como Mikhail Bakhtin. Na introdução feita para a edição de 2001, Canclini procura refutar certas restrições que ao conceito foram levantadas. Primeiro demonstra que a "importação" do termo da biologia não deveria carregar consigo a carga específica daquela área do conhecimento e sim ser avaliado se tem efetividade na descrição de processos nas ciências sociais. Cita como exemplo a importação do termo reprodução, feita pelo marxismo, mas que guarda especificidade em seu quadro explicativo.

Outra crítica que busca refutar é a de que o conceito de hibridação esconderia contradições, conflitos, linhas de poder. Segundo o autor:

> ... hibridação não é sinônimo de fusão sem contradições, mas, sim, que pode ajudar a dar conta de formas particulares de conflito geradas na interculturalidade recente em meio à decadência de projetos nacionais de modernização na América Latina (CANCLINI, 2003a, p. XVIII).

O autor sustenta que não parte de uma visão na qual existiriam processos ou realidades "puras" que passariam por um processo de hibridação, pois não existe essa pureza. O que procura afirmar é que certas estruturas ou práticas que já têm certa estabilidade podem entrar num processo de hibridação para gerar algo novo. Por isso, defende o autor, não se trata de estudar o híbrido, mas o seu processo de constituição, o processo de hibridação. E afirma:

> Se queremos ir além de liberar a análise cultural de seus tropismos fundamentalistas identitários, devemos situar a hibridação em outra rede de conceitos: por exemplo, contradição, mestiçagem, sincretismo, transculturação e crioulização (CANCLINI, 2003a, p. XXIV).

A opção pelo conceito de hibridação em relação ao de mestiçagem ou sincretismo se dá em função de que o primeiro parece caracterizar mais a questão das misturas do ponto de vista biológico e, o segundo, de elementos religiosos, enquanto que hibridação daria mais amplitude na abordagem cultural.

Canclini vai afirmar que o processo de globalização impulsiona ainda mais a si na utilização do conceito, em função da ampliação de processos de intersecção e transações culturais.

O autor afirma que os Estados modernos já não têm suas fronteiras rígidas, fechadas, pois agora elas estão porosas, e esse processo leva a inúmeras hibridações. Vai procurar estabelecer como se deu a relação entre Modernidade e Modernismo na América Latina; a relação entre culto, popular e massivo; a transição do público para o privado; e fazer uma análise daquela sociedade em tempos de globalização. Como contexto,

Canclini se apropria de várias contribuições de autores pós-modernos para descrever a sociedade atual.

Para o autor, o Modernismo cultural na América Latina não teve correlação direta com um processo efetivo de modernização econômica ou de Modernidade em termos políticos.

Os inúmeros processos de modernismo pelos países latino-americanos, como a Semana da Arte Moderna no Brasil ou Indigenistas no Peru, não estavam relacionados com alterações de vulto que pudessem caracterizar modernização e modernidade daquelas sociedades, se partirmos de um referencial europeu.

> Para analisar como essas contradições entre modernismo e modernização condicionam as obras e a função sociocultural dos artistas, faz-se necessária uma teoria livre da ideologia do reflexo e de qualquer suposição sobre correspondências mecânicas diretas entre base material e representações simbólicas (CANCLINI, 2003a, p. 75).

Como tradução da relação entre o Modernismo e os processos econômicos e de poder na diversidade da América Latina, Canclini afirma:

> Pareceria então que, diferentemente das leituras obcecadas em tomar partido da cultura tradicional ou das vanguardas, seria preciso entender a sinuosa Modernidade latino-americana repensando os modernismos como tentativas de intervir no cruzamento de uma ordem dominante semioligárquica, uma economia capitalista semi-industrializada e movimentos sociais semitransformadores (CANCLINI, 2003a, p. 83).

Na realidade europeia, as fronteiras entre culto e popular estavam bastante sedimentadas quando do processo de massificação da cultura através das mídias de massa. Aqui em nosso continente, essas fronteiras não tinham efetividade, apesar de certo esforço em formalizá-las, constituindo museus e salas de espetáculo para os setores cultos e tentando forçar o popular às margens do folclore e do artesanato. No entanto, esse processo não se plasmou e a troca intensa entre popular e culto existiu e acabou por receber um elemento novo e impulsionador para essa hibridação: os meios eletrônicos de comunicação.

Aqui, essas fronteiras eram tênues, já que se verificou um processo intenso de trocas:

> Apesar das tentativas de dar à cultura de elite um perfil moderno, encarcerando o indígena e o colonial em setores populares, uma mestiçagem interclassista gerou formações híbridas em todos os estratos sociais (CANCLINI, 2003a, p. 73 e 74).

Portanto, na visão do autor, essas fronteiras entre culto, popular e massivo não se realizaram plenamente na América Latina e por isso temos processos ainda mais intensos de trocas entre esses campos.

> Mas o culto moderno inclui, desde o começo deste século, boa parte dos produtos que circulam pelas indústrias culturais, assim como a difusão em massa e a reelaboração que os novos meios fazem de obras literárias, musicais e plásticas que antes eram patrimônio distintivo das elites. A interação do culto com os gostos populares, com a estrutura industrial da produção e circulação de quase todos os bens simbólicos, com padrões empresariais de custo e de eficácia, está mudando velozmente os dispositivos organizadores do que agora se entende por "ser culto" na Modernidade (CANCLINI, 2003a, p. 62, 63).

Canclini vai apontar também um processo acelerado de avanço da gestão privada sobre os processos artísticos no continente, em detrimento de ações do poder público, que vai diminuindo sua influência concreta. Esse movimento também debilita a autonomia que, porventura, o campo da arte detinha em outros tempos.

> A autonomia do campo artístico, baseada em critérios estéticos fixados por artistas e críticos, é diminuída pelas novas determinações que a arte sofre de um mercado em rápida expansão, onde são decisivas forças extraculturais (CANCLINI, 2003a, p. 56).

Essas determinações são ainda mais decisivas num momento em que a lógica perversa da diminuição dos investimentos dos Estados em atividades artísticas e culturais se tornou patente no continente:

> O novo olhar sobre a comunicação da cultura que se constrói nos últimos anos parte de duas tendências básicas da lógica social: de um lado, a especialização e estratificação das produções culturais; de outro, a reorganização das relações entre o público e o privado, em benefício das grandes empresas e fundações privadas (CANCLINI, 2003a, p. 87).

Para transitar do debate da Modernidade para a Pós-Modernidade e da relação culto/popular, o autor vai lançar mão do conceito de cultura urbana, que, segundo ele, contém as forças dispersas pela Modernidade.

Negando-se a creditar responsabilidade exclusiva pelas mudanças em curso aos meios comunicacionais, Canclini afirma buscar noções mais abrangentes. Assim, na combinação desses processos comunicacionais com a forma de urbanização acelerada do continente e com a relação público/privado e nacional/global, busca as referências para uma análise mais ampla.

O autor descreve também como crescentemente vai ganhando aspectos de "teatralização" a questão da política, abandonando suas manifestações mais amplas e urbanas e voltando-se para o midiático como seu espaço prioritário de construção de sentido.

> "Aparecer em público" é hoje ser visto por muita gente dispersa frente ao televisor familiar ou lendo um jornal em sua casa. Os líderes políticos ou intelectuais acentuam sua condição de atores teatrais, suas mensagens são divulgadas se são "notícia", a "opinião pública" é algo mensurável por pesquisas de opinião. O cidadão se torna cliente, público consumidor (CANCLINI, 2003a, p. 290).

Nesse processo em que a mídia se transformou na grande mediadora e mediatizadora, acaba por subordinar outras práticas e lógicas de interação coletiva.

> Em uma época em que a cidade, a esfera pública, é ocupada por agentes que calculam tecnicamente suas decisões e organizam tecnoburocraticamente o atendimento às demandas, segundo critérios de rentabilidade e eficiência, a subjetividade polêmica, ou simplesmente a subjetividade, recolhe-se ao âmbito privado. O mercado reorganiza o mundo público como palco de consumo e dramatização dos signos de *status* (CANCLINI, 2003a, p. 288).

Canclini irá analisar fenômenos tecnológicos para visualizar essa nova realidade social emergente. Nesse processo ele avalia o impacto das fotocopiadoras, do videocassete, dos *videoclips* e *videogames* na configuração dessa nova cultura urbana dos grandes centros da América Latina.

Aponta que esses fenômenos guardam características de rompimento com uma visão processual, histórica; são fragmentários e ágeis; levam ao "des-pensar":

> Como se estabeleceu há tempos nos estudos sobre efeitos da televisão, esses novos recursos tecnológicos não são neutros nem tampouco onipotentes. Sua simples inovação formal implica mudanças culturais, mas o significado final depende dos usos que lhes atribuem diversos agentes (CANCLINI, 2003a, p. 56).

O autor vai ainda fazer duas observações sobre a tecnologia: uma que busca entender como as mudanças tecnológicas que remodelam a sociedade coincidem ou entram em contradição com os movimentos sociais; a outra diz respeito ao fato de que as tecnologias se transformam à medida e através da forma que se institucionalizam e socializam.

Ele afirma que esse processo todo tem também uma dimensão democratizadora, pois permite apropriação de patrimônios culturais distintos e até mesmo a utilização de experimentação original de comunicação, como vídeos produzidos por movimentos populares.

Aponta ainda dois movimentos que dão lógica a esse processo: o da "descoleção", com o sentido de que não existe mais uma coleção coerente e estável para servir como referência; e o da desterritorialização, que implica em demonstrar que as experiências artísticas e culturais não podem mais ter uma referência exclusivamente baseada no espaço geográfico em que é concebida, pois ela é fruto de processos intervenientes mais amplos, de escala nacional e também global.

Ao descrever os efeitos dessa configuração social que vários autores chamam de pós-moderna, Canclini registra sua dúvida:

> Mas nos perguntamos se a descontinuidade extrema como hábito perceptivo, a diminuição de oportunidades para compreender a reelaboração dos significados subsistentes de algumas tradições para intervir em sua transformação, não reforça o poder inconsulto dos que realmente continuam preocupados em entender e dirigir as grandes redes de objetos e sentidos: as transnacionais e os Estados (CANCLINI, 2003a, p. 56).

O autor ainda analisa a experiência das regiões de fronteiras, em especial a que "separa" os EUA e o México, e apresenta aí movimentos de trocas intensas, não simétricas.

Aponta ainda a questão do grafite como intervenção subversiva na urbanidade e a história em quadrinhos como uma arte que pulsa as contradições atuais.

Para dar um fecho em seu trabalho, Canclini afirma:

> Mas ainda que tenha tentado esboçar um movimento geral, a crise da noção de totalidade e a realização empírica desigual das transformações descritas nos países latino-americanos, e de dentro de cada um, impõe evitar generalizações rotundas (CANCLINI, 2003a, p. 351).

Seu pensamento aponta para uma hibridação mesma das realidades pré-modernas, modernas e pós-modernas na América Latina. E conclui:

> Ainda que em princípio a expansão tecnológica e o pensamento pós-moderno contribuam para disseminá-lo, o desenvolvimento político o concentra. Quando essas transformações de fim de século não implicam em democratização política e cultural, a obliquidade que propiciam no poder urbano e tecnológico se torna, mais que dispersão pluralista, hermetismo e discriminação (CANCLINI, 2003a, p. 272).

A globalização imaginada

Este trabalho de Canclini procura dar contribuições concretas para uma análise da interculturalidade que se vai constituindo no processo de globalização. Contribui de maneira decisiva para romper com uma análise do processo de globalização como via de mão única, sem deixar de reconhecer claramente as linhas de força que definem e delimitam a realidade.

Resgataremos o registro que o autor faz dos traços fundamentais da globalização, da cultura existente nesse processo, da questão da identidade cultural e a configuração da política.

Comecemos com os traços fundamentais da globalização, segundo Canclini. Um primeiro registro do autor é o dos números delirantes desse processo de globalização que não têm como serem incorporados no horizonte cotidiano real das pessoas, como a questão das dívidas externas dos países latino-americanos. E registra ainda sua surpresa diante de empresários e políticos que proclamam a globalização como "convergência da humanidade rumo a um futuro solidário".

A questão da globalização tem inúmeras faces e dados abundantes para sua análise. No entanto, o que salta aos olhos é que o processo aprofunda o fosso, a distância entre nações ricas e pobres e, dentro de cada nação, dos mais favorecidos e daqueles que são considerados dispensáveis para tal processo. A figura do socialmente excluído se ampliou sobremaneira, agravando ainda mais a dramaticidade de parcelas expressivas da população. Segundo a Organização Internacional do Trabalho, já existem 1,2 bilhão de desempregados e subempregados no planeta.

A globalização, através de um mercado planetário, passa a ser vista como caminho único, indiscutível, inequívoco. Pensar de outra maneira tornou-se nostálgico e obsoleto.

O chamado pensamento único teve influência mesmo nas agendas das chamadas esquerdas, que, em sua maioria, não conseguiam pensar fora do caminho proposto pelo neoliberalismo, o que acentuou na sociedade uma impressão de caminho único. No entanto, o período recente, em especial na América Latina, vai dando mostras da busca e da necessidade de outros caminhos para o desenvolvimento e a integração soberana no processo.

Traço importante da globalização é que ela debilita a capacidade dos estados nacionais, partidos, sindicatos e dos atores políticos clássicos em geral.

Como assevera Canclini:

> Tem-se escrito profusamente sobre a crise da política atribuída à corrupção e à perda de credibilidade de partidos, à substituição pela mídia e pelos tecnocratas. Quero destacar que, além disso, transferir as instâncias de decisão da política nacional para uma vaga economia transnacional está contribuindo para reduzir os governos nacionais a simples administradores de decisões alheias, atrofiando a imaginação socioeconômica e levando a esquecer as políticas de planejamento de longo prazo. Esse esvaziamento simbólico e material dos projetos nacionais deprime o interesse pela participação na vida pública (CANCLINI, 2003b, p. 19).

Para os países da América Latina, os resultados da globalização são diferenciados em variados aspectos, mas têm traços comuns:

> Os países se desindustrializam, as instâncias nacionais se enfraquecem, acentua-se a dependência econômica e cultural em relação aos centros globalizadores (CANCLINI, 2003b, p. 20).

Com o acirramento da concorrência internacional, vai se desestruturando a produção cultural de caráter local e nacional e vai se expandindo uma Indústria Cultural internacional com traços de homogenização, mas que também busca contemplar elementos específicos de cada país.

A assimetria existente entre as indústrias culturais latino-americanas e as das nações centrais é gigantesca. No entanto, muitas vezes, o que se dá não é um conflito aberto, mas associações, fusões, que levam sempre a uma subordinação maior da produção local aos interesses mais fortes das empresas de caráter global, que são sediadas nos Estados Unidos, na Europa e no Japão.

O autor destaca que as indústrias culturais são para a economia mundial muito mais do que instrumentos para moldar imaginários: elas são atividades econômicas das mais rentáveis.

A Indústria Cultural, em seus variados segmentos, em especial o do entretenimento e da comunicação, já movimenta vultosos recursos na economia mundial. Deixa de figurar como um setor dependente de outras empresas e passa a ser um filão de lucratividade.

Característica destacada é que os atores hegemônicos são cada vez mais "fantasmagóricos", pois estão em instâncias distantes do cotidiano das pessoas, distantes de sua realidade. Lutar contra um inimigo assim ficou mais difícil.

Assim como o poder efetivo ficou mais distante, os centros produtores da comunicação não são mais facilmente identificáveis. Segundo

LIMA (2001), existem hoje cerca de dez megaempresas da Indústria Cultural que dominam o mercado no mundo, em associação com cerca de quarenta empresas nacionais ou regionais. Juntas, elas produzem quase tudo o que circula na Indústria Cultural global.

De acordo com Canclini:

> De maneira análoga, as peças de entretenimento são produzidas por outros agentes distantes, também sem nome, como as logomarcas – CNN, Televisa, MTV –, cujo título completo a maioria muitas vezes desconhece (CANCLINI, 2003b, p. 25).

O autor afirma que cresce a percepção dessas distâncias da produção da Indústria Cultural, como se a mídia falasse de posições intangíveis.

Canclini afirma que não vê como a melhor forma de entender a realidade, estabelecer uma defesa da identidade diante da globalização, pois o mais importante é saber como instituir sujeitos em estruturas sociais ampliadas como a que estamos vivendo. E argumenta:

> A globalização pode ser vista como um conjunto de estratégias para realizar a hegemonia de conglomerados industriais, corporações financeiras, *majors* do cinema, da televisão, da música e da informática, para apropriar-se dos recursos naturais e culturais, do trabalho, do ócio e do dinheiro dos países pobres, subordinando-os à exploração concentrada com que esses atores reordenaram o mundo na segunda metade do século XX. Mas a globalização é também o horizonte imaginado por sujeitos coletivos e individuais, isto é, por governos e empresas dos países dependentes, por produtores de cinema e televisão, artistas e intelectuais, que desejam inserir seus produtos em mercados mais amplos (CANCLINI, 2003b, p. 29).

A questão posta, portanto, é a de como desvendar caminhos de outra globalização possível, na qual seja rompida a lógica e a hierarquia do atual processo, sem, no entanto, propor um mero retorno às fronteiras do nacional e de identidades localizadas. Esse é hoje, provavelmente, o maior desafio daqueles que não desejam negar as conquistas de uma maior integração humana no globo, mas que também possuem a devida noção do que representa ser signatário de um processo que, em última análise, tem na negatividade seu aspecto mais sobressalente.

Canclini reconhece que existem globalizações imaginadas de maneira diversa pelo empresário, pelos cidadãos ou por algum indocumentado em nosso vasto continente. Acrescentamos: existem mesmo globalizações vividas de maneiras muito diferenciadas, com temporalidades e configurações que vão do pré-moderno até o que alguns autores chamam de "Pós-Modernidade".

Outra dimensão importante do processo, segundo o autor:

> Na verdade, os novos fluxos comunicacionais informatizados geraram processos globais ao se associarem a grandes concentrações de capitais industriais e financeiros, com a flexibilização e eliminação de restrições e controles nacionais que limitavam as transações internacionais (CANCLINI, 2003b, p. 42).

Ou seja, o que vai ditando o ritmo e os traços fundamentais desse processo globalizante é a nova lógica de acumulação do capital, que tem no sistema financeiro seu ator principal. É esse movimento que abre as fronteiras nacionais para todos os demais fluxos, inclusive de produtos das indústrias culturais.

O autor afirma que a globalização não se constitui num paradigma científico nem pode ser considerada um paradigma político ou cultural. Os conhecimentos disponíveis na verdade constituem narrativas obtidas a partir de aproximações parciais e em muitos pontos divergentes. Afirma que essas divergências, além de partirem de leituras diferentes, são alimentadas por um processo que é fragmentário e contraditório. E coloca:

> Atenta ao que ocorre entre o global e o local, a pesquisa não pode ser nem um rol de conquistas da globalização, nem um catálogo de resistências, o que limitaria seu êxito ou anunciaria seu fracasso (CANCLINI, 2003b, p. 47).

Na sequência, Canclini procura sistematizar sua visão de cultura a partir desses processos:

> A cultura redefinida. As mudanças globalizadoras alteraram as maneiras de conceber a cultura. Entre os anos 60 e 80 do século XX, os estudos sociossemióticos, e com eles a antropologia e outras disciplinas, foram estabelecendo que a cultura designava os processos de produção, circulação e consumo de significação na vida social. Essa definição continua sendo útil para evitar as tentações de restaurar algum dualismo (entre material e espiritual, entre econômico e simbólico, ou individual e coletivo). Também tem a virtude de mostrar a cultura como um processo no qual os significados podem variar (CANCLINI, 2003b, p. 56-57).

O autor vai registrar que essa visão de cultura recebe críticas radicais, como a de Jameson, ao afirmar que a cultura é estabelecida na relação com o diferente, com a alteridade cultural. E Canclini destaca que a concepção de cultura tem sempre, na atualidade, a valorização do imaginário, em especial, do intercultural.

Canclini procura resumir assim:

> Em suma: o cultural abrange o conjunto de processos mediante os quais representamos e instituímos imaginariamente o social, concebemos e administramos as relações com os outros, ou seja, as diferenças, ordenamos sua dispersão e sua incomensurabilidade por meio de uma delimitação que flutua entre a ordem que possibilita o funcionamento da sociedade (local e global) e os atores que abrem ao possível (CANCLINI, 2003b, p. 57-58).

Um aspecto importante dessa cultura é que, junto com os capitais, as mercadorias e mensagens, circulam também, em menor grau, pessoas que dão o suporte humano desse processo que vivenciamos.

Essa cultura globalizada, apesar de atingir a todos, age de maneira diferenciada entre as classes, setores sociais, regiões e países. "Somente alguns setores produzem, vendem e consomem bens e mensagens globalizadas" (CANCLINI, 2003b, p. 60).

O autor dá, na questão cultural, uma importância mais decisiva ao papel da mídia, das comunicações eletrônicas na constituição da interculturalidade, do que propriamente à questão dos fluxos migratórios. E assevera:

> Os estudos culturais sobre globalização sugerem, então, três conclusões. A primeira é que a globalização capitalista não pode ser justificada como ordem social única nem como único modo de pensar. A segunda é que a complexidade de interações num mundo globalizado não permite identificar como chave apenas uma das oposições entre hegemonia e subalternidade nem como ator decisivo para modificar o rumo histórico das contradições (nem o proletariado, nem as minorias, nem os países coloniais ou pós-coloniais). A terceira é que a formação completa e ambígua das contradições tampouco permite explicá-las apenas como antagonismos (CANCLINI, 2003b, p. 172).

Sobre a questão da identidade cultural, apesar de existirem inúmeras pesquisas e narrativas em conflito, ele reputa como difícil o fato de definir objetos de estudo. Diz que é preciso levar em conta a chamada "identidade cultural", mas para analisar em que construções históricas foram inventadas e em que processos se decompõem ou se esgotam.

> Chegamos, assim, a pensar que, mais que a identidade, o objeto das ciências sociais e o objeto das políticas deveriam ser a heterogeneidade, os conflitos e as possibilidades-impossibilidades de cooperação intercultural (CANCLINI, 2003b, p. 93-94).

Concordamos com a ideia de que é preciso analisar a constituição das "identidades culturais" a partir das construções históricas. No entanto, mesmo na atualidade, para se analisar aspectos da interculturalidade é preciso levar em conta a existência de tais identidades alteradas, contemporâneas, mas existentes e atuantes nos conflitos. Se não levarmos em conta essas novas identidades, dificilmente entenderemos como se dão as trocas, as hibridações, as construções de novos sentidos nessa realidade de maior intercâmbio tanto físico quanto simbólico em escala global.

Canclini afirma que a noção de identidade está voltada mais para uma realidade do mesmo, enquanto que o que é necessário buscar no momento são as relações com o outro, em termos de reconhecimento e reciprocidade. A questão é: como reconhecer o outro e estabelecer reciprocidade sem levar em conta a própria identidade? Na verdade, o que vemos é que a configuração das identidades está mais flexível, menos estável, mas isso não representa sua negação, mas uma forma específica de identidade em nosso tempo.

Sua proposta, em síntese, é construir uma esfera pública transnacional para as relações culturais e políticas.

A aspiração é justa e necessária. No entanto, precisamos reconhecer que a constituição dessa esfera pública tem inimigos poderosos: o sistema financeiro e os grandes conglomerados transnacionais. No entanto, sinais importantes de sua emergência já vão sendo dados. O Fórum Social Mundial, manifestações contra a guerra e outras iniciativas questionadoras da atual ordem mundial já vão surgindo a partir de articulações dos movimentos sociais e civis de dezenas de países.

Segundo o autor, habituamo-nos a ver a questão do espaço público e da esfera pública como âmbitos identificados no território de cada nação, no entanto, como os contornos de fronteiras se borram, devemos hoje vê-los como circuitos e fluxos que extrapolam os territórios.

Por fim, é importante analisar a caracterização que o autor faz da questão da política em tempos de globalização imaginada. Em traços gerais, o autor vê com preocupação o deslocamento do poder das instituições públicas para os conglomerados econômicos, num processo de erosão da capacidade de decisão política em âmbito nacional e sem fóruns constituídos em âmbito internacional.

Em sua visão, os instrumentos tradicionais de intervenção política ficam debilitados com esse processo. A política sai crescentemente do ambiente social e migra para o midiático, tornando cada vez mais encenação a disputa e dificultando a opção das pessoas, já que os discursos são essencialmente padronizados a partir de pesquisas e marketing.

Num momento em que se acirram os conflitos e necessitamos de mediação e construção de saídas coletivas, a política tradicional mostra-se obstruída como canal dessa equalização.

Canclini coloca que:

> Sem dúvida, há razões políticas e econômicas para esse negligente descaso, típicas de um tempo em que governar se resume a administrar um modelo econômico que entende o global como subordinação das periferias a um mercado onipotente. Um tempo em que a política e a cultura – enquanto gestão das diferenças – são subsumidas na homogeneidade econômica (CANCLINI, 2003b, p. 175).

Esse processo existe, mas é preciso ressaltar que é ainda na esfera da política tradicional que se debatem os caminhos/descaminhos das nações como espaço decisivo. No período recente, a América Latina, que ficou mergulhada durante anos em ditaduras, procura constituir suas democracias nesse quadro de espetacularização da política na mídia. No entanto, como a mídia não é tudo, os conflitos reais pulsam na política. A vitória de setores populares e democráticos em países como o Brasil, a Argentina, o Uruguai, a Bolívia e a experiência da Venezuela, revela que o âmbito nacional da contenda política ainda joga seu papel, claro que numa relação mais intensa com os países vizinhos.

Dos meios às mediações

Jésus Martín-Barbero é outro expoente dos Estudos Culturais latino-americanos. *Dos meios às mediações – Comunicação, cultura e hegemonia* é sua obra mais representativa.

Dela analisaremos as questões relacionadas ao marxismo e ao popular; massa como conceito; a Indústria Cultural; cultura e hegemonia; os meios e as mediações.

O autor avalia que a emergência do povo como conceito social se dá, por um lado, pela elite que vê surgir uma multidão ameaçando sua realidade, e, por outro lado, por uma visão romântica dos anarquistas, que veem os que lutam contra a opressão, independentemente de sua origem de classe propriamente, como povo.

Os anarquistas, em sua ação relacionada à arte, segundo o autor, demonstravam uma visão lúcida na qual a cultura figurava não só como espaço de dominação, mas também de disputa.

Para Martín-Barbero, no entanto, o marxismo vai promover a dissolução do popular como categoria e substituí-lo pelo conceito de classe social e da luta entre classes como referencial dos conflitos sociais. Ao estabelecer o proletariado como ator das mudanças e do conflito, o povo figurava mais como setor de manobra pelas classes dominantes que propriamente como destacamento a ser considerado na configuração do social. E mais: vai apontar como o marxismo acabou por impor uma visão limitada da leitura dos conflitos sociais: "A explicação da opressão e a estratégia da luta se situam assim em um só e único plano: o econômico, o da produção" (MARTÍN-BARBERO, 2003, p. 48).

Precisamos separar essas duas visões do autor. A questão da subestimação do popular como elemento decisivo na constituição da cultura e na luta política ocorreu de fato por parte do marxismo, a partir de sua concepção classista, que é correta, mas que por si só não dá conta de promover uma leitura mais política do processo social. A visão de bloco histórico, de alianças entre classes e frações de classe elaborada por Gramsci nos posiciona melhor para o entendimento sem negar o caráter fundamental de classe social.

No entanto, a segunda afirmação, de que o marxismo restringe sua estratégia de luta ao plano econômico, carece de maior comprovação. Uma questão que é constitutiva do marxismo é a da ação concreta, da luta social, política e ideológica, desde seu nascedouro. Seus programas políticos procuravam fazer a mediação entre as mudanças imediatas e o projeto de transformação mais profunda da sociedade, que tinha sim, no aspecto econômico, tarefas sobressalentes, mas que não se limitavam a elas de forma alguma.

O autor registra que o marxismo de uma só vez empurrou o conceito de povo para a direita política e impôs uma leitura reducionista do social. Como dissemos, essa segunda afirmação precisa ser mais contextualizada e mediada. A leitura promovida pelo marxismo de fato continha limites, mas era mais ampla e completa do que seu concorrente direto, o liberalismo. Assim como não podemos falar de um caminho único e coerente de todos os Estudos Culturais, não podemos falar do marxismo somente a partir de uma corrente, mas precisamos ver os caminhos variados, criativos ou redutivos que o marxismo trilhou.

Em que pese a questão do popular não ter, nos primeiros tempos, uma leitura adequada por parte do marxismo, Martín-Barbero registra que acabam por persistirem as tradições populares diante das manifestações que caracterizam as classes.

Mas a negação do popular não é só temática, não se limita a desconhecer ou condenar um determinado tipo de temas ou problemas, mas revela a dificuldade profunda do marxismo para pensar a questão da pluralidade de matrizes culturais, a alteridade cultural (MARTÍN-BARBERO, 2003, p. 51).

Essa limitação do marxismo, apontada pelo autor, é real, mas foi enfrentada, em forma de superação, através das contribuições de vários autores, com destaque para Raymond Williams.

Outra limitação do marxismo seria a de equiparar o conceito de cultura e ideologia. Nesse momento, o autor cita que o marxismo ortodoxo acabou por desconsiderar ou se apropriar, deformando, do conceito de hegemonia de Gramsci.

Há bastante polêmica sobre as "apropriações" do conceito de hegemonia de Gramsci. Na verdade, os setores ortodoxos apontados por Martín-Barbero negaram o conceito. Certos setores se apropriaram dele procurando retirar sua dimensão marxista, revolucionária. Outros setores procuraram vê-lo como avanço criativo dentro do pensamento marxista. Portanto, são opções feitas, todas elas dialogando com a obra de Gramsci. Inscrevo-me entre aqueles que entenderam, a partir do campo do marxismo, a contribuição de Gramsci como decisiva para uma leitura ampliada do processo de conflito e disputa da sociedade capitalista e da perspectiva de sua superação.

Na visão de Martín-Barbero, tanto o pensamento dominante como o marxismo não conseguiram analisar a questão do popular, de sua mudança e de sua permanência, na constituição das sociedades urbanas e de "massa" que existiam e que vieram a viver um desenvolvimento gigantesco.

Acerca do conceito de massa e sociedade de massa, Martín-Barbero vai afirmar que sua irrupção foi bem anterior do que avaliam alguns analistas. Para o autor, esse processo já existia em 1835, quando as multidões passam a jogar um papel na sociedade.

O que antes era povo/popular, classe/classista, vai assumir uma nova definição: sociedade de massa. E assim coloca Martín-Barbero:

> Mas que é uma massa? É um *fenômeno psicológico* pelo qual os indivíduos, por mais diferente que seja seu modo de vida, suas ocupações ou seu caráter, estão dotados de uma alma coletiva que lhes faz comportarem-se de maneira completamente distinta de como o faria cada indivíduo isoladamente (MARTÍN--BARBERO, 2003, p. 59-60).

Segundo o autor, será nos Estados Unidos do pós-guerra que teóricos irão operar a transformação da cultura produzida pelos meios massivos, ou seja, a cultura de massa, como a cultura desse povo, procurando assim promover a assimilação do popular dentro do massivo.

A essa visão corresponderia uma apologia do cidadão oriundo da classe média como referência do massivo através dos meios de comunicação, promovendo uma dissolução/superação das classes sociais.

Deslocamento importante nesse processo, segundo Martín-Barbero, é que nesse momento o popular deixa de ser somente o que produz o povo, mas passa também a designar o que o povo consome. Sem falar que retoma a questão do popular ligado à massa, à urbanidade, à Modernidade e à mestiçagem.

No debate sobre a Indústria Cultural, o autor afirma que as análises e os conflitos da Escola de Frankfurt com o funcionalismo norte-americano e com o existencialismo europeu colocou para a esquerda, pela primeira vez, a questão da cultura como debate estratégico para pensar as contradições sociais.

Na visão da Escola de Frankfurt, Martín-Barbero vai identificar uma divergência de fundo entre Adorno e Benjamin. Para o autor, o modelo explicativo dominante da Escola, leia-se Adorno, não nos auxiliava para a reflexão do papel de sujeito, de pessoas concretas para ação. Enquanto que a visão dissidente, a de Benjamin, teria aberto a porta para analisar o não pensado: o popular na cultura não como sua negação, mas como experiência e produção.

No que Adorno via a perda da aura, o fim da arte, a deturpação do artístico, Benjamin via uma nova cultura, mais amplamente acessível, com qualidades e defeitos de uma sociedade que passa a tratar a arte como mercadoria, e sua produção tendo como centro as técnicas de reprodutibilidade.

Acerca do exposto, Martín-Barbero assevera:

> [...] Adorno e Habermas o acusam de não dar conta das mediações, de saltar da economia à literatura e desta à política fragmentariamente. E acusam disso a Benjamin, que foi o pioneiro a vislumbrar a mediação fundamental que permite pensar historicamente a relação de transformação nas condições de produção com as mudanças no espaço da cultura, isto é, as transformações do *sensorium* dos modos de percepção, da experiência social (MARTÍN-BARBERO, 2003, p. 84).

Martín-Barbero coloca que a análise de Benjamin vai desbloquear as limitações que a visão da Escola de Frankfurt impunha, permitindo pensar o popular na cultura de massa, mostrando que a relação com a nova realidade marcada pela Indústria Cultural não era só de dominação, mas também de conflito, de luta, por parte da recepção, ou seja, dos setores marginais, populares:

> [...] Penso que justamente aí se situa o fundo do nosso debate: a possibilidade mesma de pensar as relações da massa com o popular. Convencidos de que a onipotência do capital não teria limites, e cegos para as contradições que vinham das lutas operárias e da resistência-criatividade das classes populares, os críticos e censores de Benjamin não podem ver nas tecnologias dos meios de comunicação mais que instrumento fatal de uma alienação totalitária (MARTÍN-BARBERO, 2003, p. 91).

Assim, segundo o autor, o pensamento de Benjamin permitia uma leitura mais ampla e aberta do processo em curso, tanto em seu caráter de mudança histórica do processo constitutivo da cultura, como das possibilidades de participação e acesso.

É seguindo essa trilha aberta por Benjamin que o autor vai chegar propriamente à sua questão central: a cultura como espaço de disputa pela hegemonia, que tem como referência teórica decisiva o pensamento de Gramsci:

> [...] Aqui nos interessa assinalar unicamente o papel exercido pelo pensamento de Gramsci no desbloqueamento, a partir do marxismo, da questão cultural e da dimensão de classe na cultura popular (MARTÍN-BARBERO, 2003, p. 116).

A questão central do pensamento de Gramsci recuperada pelo autor é a temática da hegemonia, apresentada com a visão de algo que se faz, desfaz e refaz, algo que é um processo vivido e, portanto, não estabelecido, mas em constante conflito e constituição. Essa visão, segundo Martín-Barbero, implica numa "desfuncionalização da ideologia", já que nem tudo o que fazem e pensam os sujeitos da hegemonia serve à reprodução do sistema. Também o cultural vai ganhar outra dimensão: "[...] e uma reavaliação da espessura do cultural: campo estratégico na luta para ser espaço articulador dos conflitos" (MARTÍN-BARBERO, 2003, p. 116-117).

Também a questão do popular vai ser repensada à luz do trabalho de Gramsci:

> [...] Quer dizer que, frente a toda tendência culturalista, o valor do popular não reside em sua autenticidade ou em sua beleza, mas sim em sua representatividade sociocultural, em sua capacidade de materializar e de expressar o modo de viver e

pensar das classes subalternas, as formas como sobrevivem e as estratégias através das quais filtram, reorganizam o que vem da cultura hegemônica e o integram e fundem como o que vem de sua memória histórica (MARTÍN-BARBERO, 2003, p. 117).

Para Martín-Barbero, com essa visão, as relações sociais antes analisadas a partir de um maniqueísmo pobre de dominante/dominado, sem espaço para os conflitos e a complexidade, passava agora a figurar um espaço de reflexão acerca de como vivem e lutam os setores subalternos diante do cotidiano e da ação dos variados meios da hegemonia constituída.

Em nossa visão, nestes termos, além de a questão da cultura se constituir numa arena decisiva da luta pela hegemonia, ela passa a figurar como elemento decisivo na definição de táticas e estratégias de luta das classes e setores sociais. A cultura se apresenta como a dimensão real, a manifestação cotidiana da construção/expressão ideológica dos grupos e classes.

O último aspecto é a questão da mediação. O autor afirma que normalmente quando falamos de "cultura de massa" estamos falando das tecnologias que possibilitam o surgimento de novos meios de comunicação (cinema, rádio, televisão) e sua influência direta na cultura. Porém, sua visão é distinta dessa concepção:

> [...] A perspectiva histórica que estamos esboçando aqui rompe com essa concepção e mostra que o que se passa na cultura quando as massas emergem não é pensável a não ser em sua articulação com as readaptações da hegemonia, que, desde o século XIX, fazem da cultura um espaço estratégico para a reconciliação das classes e reabsorção das diferenças sociais (MARTÍN-BARBERO, 2003, p. 203).

Importante ressaltar que essa readaptação da hegemonia não serve somente para a reconciliação e para a reabsorção das diferenças sociais, mas para suas contradições, seus conflitos, para a disputa efetiva.

Martín-Barbero afirma que assim considerar o processo não quer dizer desconsiderar as especificidades das novas técnicas e dos novos meios nem fazer subsumir as modalidades de comunicação que elas introduzem, mas contextualizá-los.

> [...] Estamos afirmando que as modalidades de comunicação que neles e com eles aparecem só foram possíveis na medida em que a tecnologia materializou mudanças que, a partir da vida social, davam sentido a novas relações e novos usos. Estamos *situando* os meios no âmbito das mediações, isto é, num processo

de transformação cultural que não se inicia nem surge através deles, mas no qual eles passarão a desempenhar um papel importante a partir de certo momento – os anos 1920 (MARTÍN-BARBERO, 2003, p. 203).

Trata-se, então, de uma investigação acerca do surgimento do massivo a partir de mudanças nas culturas subalternas. Ou seja, em como a comunicação se converte em espaço estratégico da disputa da própria hegemonia social. Assim, o debate passa dos meios propriamente ditos para as mediações, ou seja, "para as articulações entre práticas de comunicação e movimentos sociais, para as diferentes temporalidades e para a pluralidade de matrizes culturais" (MARTÍN-BARBERO, 2003, p. 270).

Nesses termos, para o autor é preciso entender esse processo na América Latina a partir da mestiçagem, não como um fato, mas como razão de ser, um modo próprio de ver, de narrar, de sentir. Isso num processo que precisa levar em conta a cotidianidade de nossos povos.

Martín-Barbero vai apontar a necessidade de entender os meios de comunicação a partir das carências, dos desejos e dos usos que o povo faz deles:

> [...] O estudo dos usos nos obriga, então, a deslocarmos o espaço de interesse dos meios para o lugar onde é produzido o seu sentido: os movimentos sociais e de um modo especial para aqueles que *partem* do bairro (MARTÍN-BARBERO, 2003, p. 281).

O autor vai mostrar que os laços de solidariedade e de convivência que existiam nas comunidades menores quando vêm para a cidade não desaparecem, mas se alteram e passam a buscar novos vetores de manifestação. E ele vai apontar que essa busca vai encontrar na estrutura familiar e no bairro seu lugar de manifestação, de realização em novos termos:

> [...] O bairro surge, então, como o grande mediador entre o universo privado da casa e o mundo público da cidade, um espaço que se estrutura com base em certos tipos específicos de sociabilidade e, em última análise, de *comunicação*: entre *parentes* e entre *vizinhos* (MARTÍN-BARBERO, 2003, p. 286).

E ele vai procurar demonstrar como o espaço do bairro, em sua relação com a cidade e os meios de comunicação, vai constituir a cultura desses setores populares, inclusive em seus aspectos políticos.

Hoje, a questão dos bairros na constituição da sociabilidade, em especial nos grandes centros, perdeu parte dessa influência articuladora, a despeito de possuir ainda grande importância.

Em essência, Martín-Barbero vai demonstrar como as novas técnicas são apropriadas por uma realidade social em transformação, que coloca a cultura como espaço privilegiado da disputa da hegemonia na sociedade.

A conclusão que o autor constrói ao longo do trabalho: "Foi necessário perder o 'objeto' para que encontrássemos o caminho do movimento social na comunicação, a comunicação em processo" (MARTÍN-BARBERO, 2003, p. 290).

Capítulo 6
Estudos Culturais – Opções de análise

Vemos, ao visitar as obras dos clássicos ingleses e da produção latino-americana, que as várias opções e os caminhos seguidos nos Estudos Culturais, em que pese a concordância com o papel da cultura como campo de disputa e de conflito, têm pressupostos e desenvolvimentos diferenciados.

É preciso contextualizar dois momentos históricos (e suas derivações políticas e teóricas) importantes para analisar as opções feitas pelos Estudos Culturais.

Um primeiro momento foi o do surgimento dessa corrente na Inglaterra. Naquele contexto, o marxismo, por um lado, gozava de grande prestígio como pensamento explicativo e transformador da sociedade, mas sofria com o domínio de uma grande corrente, vinculada aos Partidos no poder, em especial o da URSS, que deu contribuições práticas importantes, mas que ressaltava uma leitura reflexiva e normativa da cultura.

É dentro desse quadro que vão surgir as reflexões e os estudos de Williams e de Hall, que buscam, a partir das produções originais do marxismo, uma análise mais ampla do cultural.

Assim, os Estudos Culturais tiveram que criticar a concepção dominante e, ao mesmo tempo, empreender a polêmica dentro do campo de reflexão da esquerda e do marxismo. Importante registrar que só sobreviveu a essas contendas por seu vigor e sua visão adequada dos processos.

O segundo momento que queremos registrar é o da década de 1990, que teve como porta de entrada a queda do muro de Berlim e a desestruturação da URSS. Enquanto o pensamento neoliberal e a concepção pós-moderna passaram a uma ofensiva brutal, constituindo o que se chegou a chamar, como afirma Canclini, de "pensamento único", ou seja, a afirmação, por parte do pensamento hegemônico, de que o marxismo e todo seu rico histórico estavam superados e que era preciso pensar a nova realidade a partir de "outras bases".

Mesmo pensadores que se formaram naquela tradição marxista sucumbiram à avalanche neoliberal e pós-moderna, dentro de uma correlação de forças amplamente desfavoráveis e da necessidade de uma leitura dos processos sociais em curso.

Mas, também, o fazer teoria e o produzir conhecimento estão submetidos às correlações de força e à disputa da hegemonia. A luta foi reequilibrada e os questionamentos voltaram com força; o marxismo, como referência indispensável para a análise da sociedade capitalista, retornou à pauta, não sem registrar grandes avarias, mas novamente como polo aglutinador dos que desejam outro tipo de sociedade.

Obviamente que registrar só esses dois momentos conflitivos serve apenas para mostrar que mesmo dentro do campo dos Estudos Culturais se desenvolveram tradições distintas que exigem opções de quem, na atualidade, pretenda assumir seu legado e atualizá-lo para a análise da cultura contemporânea. Trata-se portanto de, a partir de conhecimento e análise, e também de visões de mundo compartilhadas, optar pelas variadas possibilidades que nos oferecem os Estudos Culturais.

Fazemos essas observações porque nos parece claro que excerto importante da produção latino-americana afastou-se da trajetória inicial dos Estudos Culturais, que partiam do marxismo para uma análise mais ampla da sociedade; o que antes era um debate dentro do campo do marxismo transbordou e ganhou externalidade. Não se trata de condenar ou de menosprezar nenhuma dessas opções. Mas sim de buscar recolocar o esforço dos Estudos Culturais dentro do campo do marxismo e de um projeto de crítica e mudança da sociedade contemporânea, algo que ficou um tanto quanto de lado, pela própria correlação de forças na sociedade, na década de 1990 e no início do século XXI, também em virtude de opções que foram feitas.

A questão colocada como desafio é, portanto: como recolocar os Estudos Culturais no campo do marxismo e produzir parâmetros que nos permitam promover uma análise da sociedade contemporânea e das novas tecnologias nela inseridas?

Um primeiro caminho é o de resgatar, atualizando, categorias fundamentais de análise dos Estudos Culturais dentro da perspectiva marxista e suas temáticas.

Depois vamos analisar, a partir desses parâmetros, a sociedade contemporânea, sua cultura e o papel das novas tecnologias.

Dentro do primeiro esforço, relacionamos como categorias fundamentais: cultura; análise crítica da metáfora infra/superestrutura; ideologia; hegemonia e poder; classe e luta de classes; real cotidiano e real midiático; meios e mediações; hibridismo e mestiçagem.

Cultura

Uma primeira observação, feita por Williams, e que reconhecemos como decisiva é a de que cultura é um conceito em evolução, em processo, e não algo que percorre todo e qualquer período histórico tendo o mesmo sentido e o mesmo valor. Assim, o conceito de cultura foi apropriado pela sociedade de maneiras diferentes ao longo de suas configurações e de seus impasses.

Mesmo dentro da análise da cultura empreendida no século passado, existem inúmeras definições de um mesmo autor dentro de uma mesma obra.

Terry Eagleton registra que Williams utilizou, em momentos diferenciados de sua obra, definições distintas, às vezes para revelar os períodos históricos distintos, mas às vezes no esforço de definir uma mesma realidade:

> De qualquer modo, a complexidade de ideia de cultura não é em lugar algum mais vividamente demonstrada que no fato de seu mais eminente teórico na Grã-Bretanha do pós-guerra, Raymond Williams; defini-la em diferentes ocasiões como significando um padrão de perfeição, uma disposição mental, as artes, desenvolvimento intelectual em geral, um modo de vida total, um sistema significante, um modo de vida, e simplesmente tudo, desde produção econômica e família até instituições políticas (EAGLETON, 2003, p. 58).

Vejamos algumas dessas definições em momentos distintos de Williams:

- até o século XVIII ele ainda era um processo objetivo: a cultura de alguma coisa – colheitas, animais, mentes (WILLIAMS, 1977, p. 18);
- o efeito primário dessa alternativa foi associar cultura com religião, arte, família e vida pessoal, em distinção ou mesmo oposição à "civilização" e "sociedade" em seu sentido abstrato e geral (WILLIAMS, 1977, p. 20);
- ... "cultura" como processo geral de desenvolvimento íntimo se ampliou e passou a incluir um sentido descritivo dos meios

e obras desse desenvolvimento: isto é, "cultura", como classificação geral "das artes", religião e instituições e práticas de significados e valores (WILLIAMS, 1977, p. 21);
- podemos distinguir uma gama de significados desde (i) um estado mental desenvolvido – como em "pessoa de cultura", "pessoa culta", passando por (ii) os processos de desenvolvimento – como em "interesses culturais", "atividades culturais", até (iii) os meios desses processos – como em cultura considerada como "as artes" e o "trabalho intelectual do homem" (WILLIAMS, 2000, p. 11);
- para evitar isso, enfatizando a essencialidade de seu tipo de definição, podemos especificar e fortalecer o conceito de cultura como um sistema de significações realizado (WILLIAMS, 2000, p. 206).

Canclini trabalha com a seguinte definição:
- ... a cultura designava os processos de produção, circulação e consumo da significação na vida social (CANCLINI, 2003, p. 57).

Em Martín-Barbero, encontramos definições de dois períodos importantes:
- mas nesse ponto o conceito explode, se rompe e passa a designar, já em meados do século XIX, seu "contrário", o mundo da organização material e espiritual das diferentes sociedades, das ideologias e das classes sociais (MARTÍN-BARBERO, 1997, p. 121);
- na tardo Modernidade em que hoje vivemos, a separação que instaurava aquela dupla ideia de cultura é, de um lado, obscurecida pelo movimento crescente de especialização comunicativa do cultural, agora organizado em um sistema de máquinas produtoras de bens simbólicos ajustados a seus "públicos consumidores". É o que hoje faz a escola com seus alunos, a televisão com suas audiências, a igreja com seus fiéis ou a imprensa com seus leitores. E, de outro lado, é toda a vida social que, antropologizada, torna-se cultura (MARTÍN-BARBERO, 1997, p. 121).

Como vemos, não só em Williams, como nos outros autores dos Estudos Culturais, são variadas as definições de cultura. Nosso esforço é, portanto, levando em conta sua evolução histórica, avaliar qual definição assume hoje melhores condições de nos revelar o que entendemos por cultura.

Como afirma Eagleton, a definição de cultura pode ser restritiva demais, o que diminuiria sua importância, ou abusivamente genérica e ampla, o que impediria sua utilização como categoria analítica.

Nossa opção, apesar de cientes de que dificilmente uma definição, no caso de cultura, pode dar conta de todo o seu significado, é de nos apropriar da visão de Williams quando define cultura: como o complexo de valores, costumes, crenças e práticas que constituem o modo de vida de um grupo específico.

Optamos por essa definição por entender que a relação de cultura é a da identidade/diferença, ou seja, o que nos auxilia no recorte de um grupo, classe, nação na sua identidade e na sua diferença diante da alteridade cultural. Mesmo para estudar a crescente inter-relação das culturas pessoais, grupais e nacionais num processo complexo de troca assimétrica que se realiza, precisamos levar em conta a identidade (mesmo que cada vez mais frágil), para entender como ela se comporta no processo, no confronto, na troca ou na subordinação com o outro modo de viver e de valorizar.

Assim, se há hibridação, é porque antes havia um modo, razoavelmente estável, com referências conhecidas e práticas estabelecidas, que agora se relaciona com outras culturas, outros modos de vida, tendo desde estranhamento, troca, combinação ou adesão. Portanto, essa opção de definição de cultura nos permite ao mesmo tempo garantir a abrangência que lhe dá valor teórico, sem cair numa ampliação tal que inviabilizaria toda e qualquer análise por conter praticamente tudo o que fosse "produzido" socialmente.

Claro está que, além da definição, nos termos apontados, temos que levar em conta a intensificação da troca, e precisamos também refletir mais sobre o papel das técnicas e do conflito.

Portanto, a definição, levando em conta esses elementos, poderia ser: cultura como o complexo de valores, costumes, crenças e práticas que constituem o modo de vida de um grupo específico, classe ou nação, incluindo os usos que fazem das técnicas, nas suas relações consigo e com a alteridade.

Apesar de não estar contido na definição, é indispensável registrar a compreensão de que a cultura faz parte de uma dinâmica social, de um processo, portanto, de um complexo conflitivo e em movimento.

Outro aspecto que será necessário esclarecer, quando tratarmos do conceito de ideologia, é como se dá a relação cultura/ideologia dentro de minha compreensão.

Análise crítica da metáfora infra/superestrutura

Como já foi dito, a metáfora espacial marxista de infra/superestrutura tem caráter polêmico e contribuiu para desenvolvimentos nem sempre abrangentes da compreensão da cultura e para a constituição de uma teoria cultural marxista.

Em nossa compreensão, quem mais se aproximou de um desenvolvimento esclarecedor foi Raymond Williams, pois, sem recusar completamente a metáfora, registrou seus limites a partir de uma referência marxista adequada.

A primeira questão registrada por Williams, com a qual concordamos, é a de diferenciar a ideia de determinação apresentada por Marx, de toda uma outra tradição idealista que lhe conferia uma ideia de revelação religiosa ou de realidade superior para além da ação humana.

A ideia de determinação expressa em Marx e registrada por Williams é a da existência de limites, pelas condições objetivas, dentro das quais se dá a agência humana. Portanto, a determinação aqui aparece como o cenário no qual se pode desenrolar a trama da luta social. Dentro dessa perspectiva, a ideia de determinação é uma contribuição e não um demérito da metáfora.

Outro aspecto registrado por Williams e muito importante para esta análise é a de que se convencionou, em algumas correntes marxistas, analisar a superestrutura como processo, mas a infraestrutura, a base, como algo plasmado e dado. Na visão de Marx, está clara a noção de que a base é um processo dinâmico, mutante e também conflitiva.

Ao associar essas duas observações, temos então a ideia de que a infraestrutura da sociedade, na sua configuração dada e em seu conflito, determina, no sentido de fixar limites, para a agência transformadora dos homens.

Um elemento dessa temática bastante importante é a da dinâmica diferenciada entre base e superestrutura.

Marx, lembrado por Benjamin, afirmava que as alterações da infraestrutura levavam certo tempo para expressar-se enquanto mudanças na superestrutura. Para Benjamin, o capitalismo moderno manifestou-se mais claramente na esfera da produção cultural com um "atraso" de cerca de cinquenta anos.

Estas observações não nos podem cegar sobre a existência de um desenvolvimento alternativo dentro do campo do marxismo, que acabou por, ao se apropriar da metáfora, dar um sentido mecanicista, antidialético a ela. Na verdade, parte importante do marxismo incorreu ou no erro de ver determinação como formatação ou reflexo, ou ainda de analisar a infraestrutura como algo plasmado. Porém, com a contribuição de Williams, podemos resgatar a concepção original do marxismo e assim utilizá-la efetivamente na análise da sociedade contemporânea.

Por último, é preciso afirmar que a metáfora utilizada busca auxiliar no entendimento das relações entre esferas de uma totalidade, que é a sociedade; portanto, não pode ser considerada uma visão que promova a cisão ou a separação do social. Procura demonstrar dentro da totalidade como as partes construídas a partir de uma abstração para a análise se relacionam.

Ideologia

Outro conceito a nos desafiar o entendimento é o de ideologia. Segundo Williams, o conceito aparece nos fins do século XVIII, introduzido pelo filósofo francês Destutt de Tracy, e pretendia ser um termo filosófico para a "ciência das ideias".

No campo do marxismo, derivadas de leituras diferenciadas, existem ao menos três versões para ideologia, segundo Williams. São elas:
- Um sistema de crenças característico de uma classe ou grupo;
- Um sistema de crenças ilusórias – ideias falsas ou consciência falsa – o qual se pode contrastar com o conhecimento verdadeiro ou científico;
- O processo geral da produção de significados e ideias.

Como podemos ver, são visões que revelam diferenças importantes entre si e que, no entanto, atuaram e atuam dentro do campo do marxismo.

Precisamos analisar qual dessas definições é mais adequada com a leitura/atualização que estamos procedendo.

Talvez o caminho mais frutífero seja começarmos pela avaliação da relação parte/todo na questão da ideologia. Assim, teríamos que perguntar: a ideologia dominante numa época é a expressão da dominação de uma ideologia particular, de uma classe hegemônica? Uma segunda pergunta, aparentemente ingênua, mas na minha visão importante: devemos avaliar a ideologia de um grupo ou classe como ontológica, deontológica ou fruto de uma configuração histórica?

Analisemos a primeira questão. Partimos de uma visão de que a sociedade vive a partir de conflitos entre classes e grupos sociais diferenciados. Essas classes e esses grupos disputam na sociedade a hegemonia para seu projeto, e essa hegemonia é sempre um processo, um movimento do próprio conflito. Nesse movimento, em cada momento, portanto, estarão em evidência as concepções de determinada classe ou grupo, mas não em sua integralidade, não sem negociar. O que afirmamos é que, apesar de a concepção de mundo de uma classe ou grupo ser hegemônica em determinado momento, não quer dizer que ela seja exclusiva ou única na leitura da ideologia de uma sociedade num período dado. Para uma leitura mais integral da ideologia de uma sociedade, assim como da própria sociedade, seria necessário registrar: os grupos e projetos em disputa, os termos e atores do conflito.

Por ser resultante do conflito, terá, portanto, que assimilar elementos, características das ideologias das diversas classes, concentrando-se em fazer-se hegemônica nos traços decisivos de determinada lógica social de produção e reprodução.

Assim, entendemos que as variadas classes e os grupos sociais têm sua concepção de mundo, seus valores, os sentidos que creditam às coisas, mas que essa concepção, esses valores e sentidos não são plasmados, são processos de configuração interna que se confrontam com a disputa de concepções na sociedade, que terá um resultante hegemônico, mas não exclusivo nem excludente. Portanto, nem a ideologia de uma classe é algo dado e imutável, aparecendo então como uma configuração histórica, nem a ideologia hegemônica de um tempo expressa na sua totalidade a visão de uma só classe ou setor, em função do conflito, da negociação.

Portanto, pensamos que é preciso combater a visão de que determinada classe ou setor social tem ontologicamente uma ideologia, ou trabalhar com configurações desejosas, deontológicas, de como deveria ser a ideologia de uma dada classe. O caminho mais complexo, mas também mais efetivo de análise, é entender as configurações ideológicas em cada momento histórico, estruturadas a partir de seu contexto e dos antagonismos, contradições e conflitos potenciais e manifestos.

Outra questão a se debater na definição de ideologia é se ela é uma visão distorcida da realidade, elaborada e utilizada por determinada classe. No marxismo, quando essa questão aparece está em debate a ideologia de uma classe concretamente: a burguesia, que possui uma concepção distorcida do mundo, não por uma opção conspiratória, mas por limites mesmo de sua visão. Porém, qual ideologia de classe que conhecemos ao longo da história não tinha esses limites também? A ideia de ideologia como uma visão distorcida da realidade pode estar eivada de uma concepção idealizadora de uma ideologia imune às limitações, o que estaria no campo da deontologia, mas não das configurações históricas reais.

Deveríamos então conceber ideologia como um sistema dinâmico articulador da concepção de mundo, dos valores e sentidos dados à realidade por uma classe ou setor, que revela qualidades analíticas e simbólicas, mas também limitações, lacunas etc.

E a ideologia de um tempo, de uma dada sociedade, com dada hegemonia estabelecida, como resultante de um conflito em que há dominação de elementos da concepção da classe hegemônica, bem como elementos da ideologia de outras classes e setores no processo de disputa.

É preciso, no entanto, entender que, se a ideologia não é formada em posicionamento conspiratório, a partir de uma crença para iludir, na disputa pela hegemonia, elementos da ideologia dominante ou mesmo da classe dominada são utilizados na luta política e social. Estamos, portanto, falando já da utilização de partes ou aspectos das ideologias para a disputa da hegemonia, o que é diferente de pensar na ideologia em si elaborada para esses intentos.

Ressaltamos isso para fugir de duas possibilidades corriqueiras na análise de ideologia, ambas limitadas: uma que vê a ideologia elaborada e planejada para a dominação, portanto distorção para gerar crença; e a outra que procura ver a ideologia como algo que não entra na disputa concreta, no conflito, vendo somente o resultante geral da ideologia de seu tempo, todavia não mirando as partes em disputa que a constituem.

Outro elemento decisivo na perspectiva de ideologia que trabalhamos é sua relação com a cultura.

Vemos a cultura como o complexo de valores, costumes, crenças e práticas que constituem o modo de vida de um grupo específico, classe ou nação, incluindo os usos que fazem das técnicas, nas suas relações consigo mesmos e com a alteridade.

Como se dá então a relação entre cultura e ideologia? Pensamos que a ideologia se constitui em um sistema de concepção, valores e sentidos de maior permanência, tendo mudanças mais lentas, por configurar visões mais estruturantes. E sua forma de manifestação mais flexível, mutável e apta ao conflito é a cultura cotidiana.

A ideologia não existe senão através de manifestações concretas da cultura, da política, do conflito, no cotidiano. Assim, ideologia teria um caráter bastante abstrato, enquanto que cultura tem uma dimensão material, prática, cotidiana. Elas são faces distintas de um mesmo processo: a ideologia mais elementar e estruturante e a cultura mais mundana e diária.

O que entendemos, portanto, é que a cultura não é só o espaço da luta imediata, mas é também a arena manifesta da disputa ideológica na sociedade. É importante ressaltar esse fato porque somos passíveis de cair em dois extremos: o de procurar fazer a disputa na sociedade no campo da ideologia, o que é restritivo e ineficaz; ou fazer toda a disputa em torno da cultura de maneira que não se veja nela também a dimensão das mudanças na ideologia. Para isso é preciso uma correta equação da luta no campo da cultura e de sua importante e necessária articulação com a batalha ideológica.

Se essa visão está correta, a definição de cultura como o campo de excelência da hegemonia passa a ganhar contornos ainda mais nítidos e fortes.

Hegemonia e poder

A questão da hegemonia não surge no pensamento marxista com Gramsci, mas será ele quem mais desenvolverá o conceito e seu papel na leitura dos processos políticos e na definição da disputa social, política e cultural da sociedade.

De início, é fundamental distinguirmos a questão do poder político e da hegemonia. Para Gramsci, é possível que um bloco histórico mantenha a dominação do poder político, apesar de já não deter a capacidade dirigente, a hegemonia na sociedade.

Assim, a questão do poder é tida como crucial para proceder a reforma intelectual e moral por um novo bloco. Contudo, a questão da hegemonia pode preceder-lhe.

Quando tratamos do poder neste estudo, falamos da direção do Estado e de seus inúmeros instrumentos de coerção e coesão. É preciso fazer esse registro, pois existem, nas variadas dimensões do social, outros tipos de poderes, com configurações específicas que vão da questão relacional ao domínio de campos sociais determinados.

A questão da hegemonia aparece em Gramsci, a partir do marxismo, da seguinte forma: uma classe é capaz de aglutinar em torno de si outras classes e setores, formando um bloco no qual ela é dirigente (o chamado bloco histórico) e através do qual ela consegue hegemonia na sociedade e passa a controlar o poder político. Essa classe exerce sua hegemonia através de suas concepções de mundo e de sua capacidade de resolução dos problemas concretos colocados pela sociedade, em especial dos demais setores que com ela compõem o bloco.

Para romper com essa hegemonia, as classes subalternas precisam passar de uma concepção espontânea e acrítica da realidade para uma visão filosófica e crítica, a partir da qual deve conceber um projeto alternativo de hegemonia e em torno dele buscar aglutinar outras forças.

A classe hegemônica, mesmo mantendo o poder, pode perder a supremacia, a capacidade de direção, e então ver ameaçada sua hegemonia na sociedade, que se pode desdobrar na perda do controle do poder político também.

Bem, essa é a configuração de hegemonia presente na obra de Gramsci. Quais elementos nos chamam especialmente a atenção nessa concepção?

Primeiro, demarcando com as concepções liberais e positivistas, vê a sociedade tendo o conflito como seu elemento configurador. Segundo, estabelece a necessidade de superar a visão de senso comum dos setores subalternos, fazendo o esforço que em Marx é caracterizado como transformar-se de classe "em si" em classe "para si". Ou seja, a necessidade de um pensamento cultural elevado e crítico que possa consubstanciar uma alternativa confiável e real. Terceiro, demonstra que o bloco histórico é hegemonizado por uma classe, mas não é monolítico, tem contradições e concepções que precisam ser negociadas e levadas em conta no exercício da hegemonia. Quarto, a questão do poder político é essencial para consolidar a hegemonia. E é preciso, além de deter o poder, continuar a ser dirigente e hegemônico.

Para saltar da consciência acrítica e espontânea, é preciso partir da realidade das próprias massas, revelando as contradições do modo de pensar e ver o mundo imposto pelo bloco hegemônico e seus problemas cotidianos e necessidades enquanto classe ou grupo social. É, portanto, partir de uma consciência imediata e incipiente, para buscar dar-lhe consciência elevada, visão crítica e capacidade de constituição de projeto alternativo.

Segundo Gramsci, é preciso levar em conta como se manifesta uma consciência ainda subalterna, em seus variados elementos de espontaneidade e características, para partir dessa consciência elementar na busca de uma consciência crítica.

E qual é a arena da manifestação dessas contradições e dessa luta? Apesar de se manifestar nas mais variadas esferas do social, passa necessariamente pelo conflito na cultura e em suas manifestações cotidianas.

Em Gramsci aparecem variadas formas de o bloco histórico conceber e expandir sua hegemonia, dentre elas a questão da escola, da Igreja e do serviço militar. Apesar de ainda pouco desenvolvida, a comunicação de massa, através do rádio e do cinema, também já faz parte de sua reflexão.

Em análises contemporâneas, como a empreendida por Octávio Ianni, os meios de comunicação de massa aparecem como o artífice fundamental da construção da hegemonia, registrando-os como o *Príncipe Eletrônico*.

Em que pese se alterarem os canais de constituição dessa hegemonia em função da configuração de novas realidades sociais e de suas técnicas disponíveis, é ainda mais claro que se dá no âmbito da disputa cultural e ideológica a possibilidade de conquista da hegemonia.

Também o poder político sofre alterações de sua configuração. No momento em que se torna paradigma global de modelo político, a democracia ocidental revela limitações imensas, sem falar que a intensificação das trocas globais desloca boa parte do poder do Estado nacional para o "mercado" global. No entanto, os anos recentes repuseram a importância do poder político, em especial na América Latina, onde vemos um conjunto de experiências discordantes da lógica global. Em termos continentais, o aspecto regional passa a ter peso importante nas disputas e na construção das hegemonias locais.

Classe e luta de classes

Categorias explicativas decisivas do marxismo são a da classe social e a da luta de classes. Na trajetória dos Estudos Culturais, essas categorias estão presentes, mas de uma maneira mais matizada e menos decisiva que na origem marxista. Como vimos em Martín-Barbero, há uma crítica explícita à utilização do conceito de classe em oposição ao popular.

Segundo Marx, a definição de classe social está associada à função que cada parcela da sociedade ocupa em dado sistema produtivo. E ainda mais: Marx aponta que nos variados sistemas estudados a luta entre classes foi o "motor" das mudanças sociais e que no capitalismo isso se repetia claramente no conflito entre burguesia e proletariado fundamentalmente, apesar de não desconsiderar o papel de outras classes ou grupos nesse confronto.

É preciso verificar se essa ideia fundamental do marxismo está superada ou se tem permanência para, posteriormente, avaliar se são categorias que devem compor nosso escopo de análise da sociedade contemporânea.

O mundo da produção e as formas societárias sofreram mudanças gigantescas nos últimos anos, ainda mais se compararmos a realidade atual com a que foi analisada por Marx.

Nossa visão acerca do questionamento relatado é afirmativa: as categorias classe social e luta de classes como elementos impulsionadores de mudanças sociais permanecem decisivas.

Porém, a resposta dada requer desenvolvimento. Claro que a configuração das classes sociais fundamentais do capitalismo analisadas por Marx viveram muitas transformações em suas configurações, subdivisões, dimensões, práticas políticas e nas suas experiências culturais e societárias. Essas mudanças de grandes dimensões estão provocando um reexame profundo de como essas classes são, hoje, objetivo que não poderá ser realizado neste livro.

Porém, este registro se faz decisivo, porque os que afirmam o fim da importância da categoria classe social se escudam no argumento principal das mudanças, sem entenderem que elas foram produtos exatamente do conflito dessas classes, que também se transformaram nesse processo.

Assim, não nos inscrevemos entre os que descartam o papel analítico e político da categoria classe social. Mas também não podemos deixar de registrar a concordância de que a categoria classe social não pode enfeixar toda a diversidade de conflitos da complexa sociedade contemporânea. Conflitos de classes permanecem, sim, convivendo com outros, como os que ocorrem de maneira mais ou menos aberta entre as potências mundiais, como os que ocorrem entre essas potências e os países menos desenvolvidos, como as que ocorrem em termos de religiosidade, de opção sexual, de diferenças raciais ou culturais, por questões ambientais, por demandas tecnológicas etc.

A existência de uma pluralidade de conflitos nos leva a crer que um só fator não pode explicar os processos sociais e políticos que se realizam na atualidade. E nos levam à reflexão de que é elemento decisivo para a constituição de novos blocos históricos, nos diversos países, a capacidade de aglutinar diferentes demandas sociais específicas em torno de projetos mais gerais.

Aspecto importante que vem à tona neste debate é em torno da questão da identidade, tanto das classes quanto das dos indivíduos, que hoje é alvo de intensas polêmicas, como se vê nas obras dos Estudos Culturais. Hall, por exemplo, aceita a ideia de descentração, de múltiplas identidades, de identidades móveis. Canclini registra que a questão da identidade hoje tem importância menor, que a questão é a interculturalidade.

No que se refere à identidade das classes sociais, parece que permanece, porém está envolvida num esforço gigantesco da constituição de um senso comum, a partir dos esforços midiáticos, que procura dissolvê-la, tornar suas diferenças naturais, num mundo em que as diferenças passaram a ser objeto de discurso democratizante. Contudo, as identidades de classe, mesmo que debilitadas por essa avalanche, resistem pelas próprias condições e contradições vividas no cotidiano, não exatamente por uma consciência.

São variadas as pesquisas no âmbito dos Estudos Culturais que procuram refletir sobre a cultura de frações importantes da classe dos trabalhadores, demonstrando que, a despeito da influência dos meios de comunicação de massa, esses setores têm traços comuns entre si.

Assim, com configurações diferentes e mais complexas, sem se posicionar como a única contradição, mas registrando sua importância decisiva, a questão da classe social e da luta de classes deve comparecer numa análise que procure desvendar os traços centrais que nos permitem entender a sociedade contemporânea.

Real cotidiano e real midiático

Paulatinamente, a mídia vem ocupando espaços que anteriormente eram dedicados ao convívio social, dilacerando, em certa medida, os laços sociais e as relações dialógicas não mediadas pela técnica. Esse processo se deu ao longo do século XX e deixou profundas marcas na estruturação social contemporânea.

A mídia acolheu de braços abertos os setores que foram sendo expulsos dos locais de ambiência social anteriormente existentes, que foram sendo destruídos ou ameaçados por uma realidade urbana que beira à insegurança generalizada.

Se a mídia atrai, isso é em boa parte porque a rua expulsa. É a ausência de espaços para a comunicação – ruas e praças – que faz com que a televisão seja algo mais que um instrumento de ócio, um lugar de encontro (MARTÍN-BARBERO, 1998, p. 5).

É, portanto, um traço da mídia contemporânea se alimentar do medo existente no social, medo este que vai erodindo variadas formas do estar junto, medo que vai confinando as pessoas. O contato social mediado pela técnica passa a ser uma forma de ter contato com a realidade, sem, no entanto, correr os riscos de uma verdadeira guerra social que se trava nas ruas.

A tensão entre o medo do social e a pulsão do estar junto vai gerando uma sociedade de carentes, de insatisfeitos, de pessoas que precisam se esconder, que não podem se mostrar, objetivar-se, pessoas confinadas a pequenos grupos de frágeis laços de identificação. Ao mesmo tempo em que se alimenta do medo do social, simula uma segurança, uma garantia de poder viver tudo a partir do conforto de estar dentro do seu lar.

O comum social, que antes tinha seu espaço em comunidades reais, com temporalidades distintas entre si, mas sincronizadas internamente, foi sendo substituído pelo tempo da mídia, sobreposto ao tempo local. Um tempo autoritário, pois submete realidades completamente diferenciadas, inúmeras dinâmicas sociais que guardam qualidades tão díspares num mesmo ritmo, num mesmo tempo.

Esse contato social mediatizado que emerge passa a cumprir papel fundamental. Será ele o cenário da "integração" das temporalidades e das realidades distintamente vividas. Cria-se através da mídia a ilusão de um laço social entre pessoas com vivências e com culturas bastante diferentes no seio da sociedade conflitiva. É a ficção da igualdade. Diante da TV, milhões de pessoas com cotidianos completamente diferenciados assistem à mesma emoção de um dramalhão. Ali, como audiência, a mídia tenta torná-los iguais, infundir sentimentos de pertencimento em pessoas que vivem numa estrutura social em que prevalece a exclusão, um *apartheid* social com contornos de desigualdade gritantes.

Claro que existe aí uma troca simbólica entre o real midiático e o real vivido, entre o comum social mediático e os indivíduos que promovem sua recepção e sua ressignificação. Mas, apesar dessa troca, a mídia não consegue fazer desse laço social simbólico uma referência mais próxima do real vivido.

Esse laço simbólico serve para cimentar uma sociedade de fragmentos, de cacos de realidade. Contudo, ele é completamente insuficiente para satisfazer a necessidade do estar junto e do pertencer. Ele é capaz de juntar famintos, mas não os alimenta. Pior: ele continua a existir meramente pela fome que mantém. Fome de alteridade, fome de carinho, fome de convivência, fome de vivência no coletivo, fome de emoção, fome de pertencimento, de perspectiva. Fome de fugir da rotina massacrante e do cotidiano funcional que escraviza a todos.

Todo o esforço das mídias tradicionais, em especial a televisão, consiste em tornar-se espaço único do acontecer comum socialmente. Ou seja, existe o que tem seu espaço na mídia, o que é de "interesse" comum. O restante é resíduo, são fragmentos da realidade capazes de despertar interesses somente de parcelas específicas. É a maneira de editar o social, com critérios que certamente não são comuns a todas as classes e setores da sociedade. Muito menos são neutros do ponto de vista dos conflitos existentes.

As mídias tradicionais construíram uma estética peculiar, utilizando recorrentemente a narrativa, historicamente atrativa para o povo. Esse apego ao contar história, que tem força no mundo inteiro, possui especial sedução na América Latina e, no Brasil, é característica distintiva de nossa cultura.

Atua acelerando imagens e trabalhando emoções e desejos não confessos, busca seduzir e capturar seus receptores. Estética mais de reflexo do que de reflexão, mais do sentir do que do pensar, mais do entreter do que do aprender. O fato de apelar para a emotividade não é negativo em si. Sua negatividade está na maneira de banalizar, de se aproveitar das carências e necessidades afetivas geradas numa sociedade de insatisfeitos para tentar impor seu padrão, para responder às vontades criando ilusões que serão frustradas na realidade, ampliando a dependência das pessoas em relação à ficção.

Utilizando-se da identificação/projeção, essa estética atrai para uma trama imaginada, como fuga do drama vivido. É comum vermos pessoas se emocionando com tramas banais no ficcional e tornando-se insensíveis para a sua realidade imediata, muitas vezes com problemas mais complexos e dramáticos que os das telas.

Estética que, inclusive, busca apagar a tênue fronteira entre real e ficcional, dando realismo à ficção e espetacularizando o vivido. Diante de uma realidade difícil e excludente, a sedução de "viver" o real midiático, mais liso e atraente.

Todo esse esforço busca canalizar para a mídia a pulsão do estar junto, simulando laço social, simulando pertencimento, falseando satisfações. Dizemos simulação, porque utiliza a pulsão do estar junto para manter a solidão, a separação. Utiliza o impulso para a inércia, para a passividade.

Assim, o real midiático se relaciona com o real vivido, se condicionam, mas não perdem seus contornos próprios nem suas dinâmicas específicas. Mais: não deixam de ter uma área de atrito claramente manifesta.

Essa tentativa de apresentação da mídia tradicional como espaço único encontra na realidade sua negação.

As amplas e distintas parcelas da população, com seus recortes de classe, grupo social, sexo, raça, etnia, religião e posicionamento político se relacionam com a mídia tradicional. Mas não é uma relação de submissão e de passividade, é uma relação de conflito, em alguns momentos banais, em outros completamente antagônicos.

Isso porque a grande mídia tradicional não destruiu espaços parciais de debate e de vivência. Estes se multiplicaram e se fragmentaram, mas continuam a operar nos meandros da sociedade. Neles as pessoas compartilham experiências, vivências, necessidades e carências.

Segundo Ianni:

> Para viver, precisam comer, beber, vestir-se, abrigar-se, mover-se, reproduzir-se; desenvolvem meios e modos de organizar formas de sociabilidade, jogos de forças sociais; dedicam-se a pensar, sentir compreender, explicar, fabular;... (IANNI, 1998, p. 24-25).

O real vivido pode também ter a mediação da técnica, mas se manifesta na maior parte das vezes a partir do contato concreto, pessoal, direto. É uma relação face a face, dialógica, o que não quer dizer que não existam hierarquias, mas é uma relação de proximidade, de materialidade, de troca.

Esse cotidiano compartilhado acaba sendo definidor do lugar e da identidade social das frações de classes e setores sociais. É nele que, apesar de toda a ficção que se tenta vender via mídia, lateja mais forte a realidade, com todos os seus contornos e dramaticidade. Realidade em que se manifestam as necessidades de sobrevivência, de criação e de ação. É nele que o comum simbólico alimentado pela mídia tem seu teste definitivo, gerando atritos concretos, insatisfações e angústias. A sensação de pertencimento a algo maior que os espaços que se frequenta permanece, mas tem um gosto de exclusão, de participação como meros observadores, como indivíduos, não como sujeitos.

A ambiência do cotidiano encontra no grupo de amigos, na família, no sindicato, nos partidos de origem popular, nas organizações sociais e religiosas, na cultura vivida e construída do dia a dia, os espaços públicos parciais dos setores populares.

São espaços de identificação, de sedução e da realização da pulsão de estar junto. Apresentam-se como espaços de identificação social, de troca de sentimentos e opiniões.

Apesar de serem inicialmente formados a partir de realidades concretas e de sentimentos e sensibilização, transformam-se também em espaços de debate e de busca de coesão dos grupos.

Estas duas realidades (mediática e cotidiana) se confrontam e se interam num processo mais amplo que é o da realidade social. Esses confrontos e interações estão postos no cotidiano da vivência da sociedade atual e não têm exatamente uma fronteira visível. Realizam-se dentro do metabolismo mais amplo da sociedade complexificada existente.

Porém, com esforço metodológico, é possível identificar os traços de cada realidade. Quero agora confrontá-las para tentar entender suas tensões e interações. Comecemos pelas qualidades divergentes dessas duas realidades.

O real vivido está amplamente fragmentado em espaços parciais, em ambiências do cotidiano, em grupos maiores ou menores, estáveis ou instáveis. Possui, por isso, uma dimensão de pluralidade e de imensas diferenciações, não obedece a uma estruturação preestabelecida ou a uma lógica só.

O real midiático é produzido de maneira centralizada, somente seu consumo é pulverizado. Cada vez mais, são poucos grupos que controlam toda a produção de informação, entretenimento e comunicação, combinando comando sobre veículo e conteúdo. Estruturados comercialmente, os espaços mediáticos possuem uma clara lógica funcional, objetivos comuns e algumas vezes conflitantes entre si. Não têm uma dimensão plural e estão amplamente vinculados a uma mesma classe e a interesses, confessos ou não, comuns nas questões de fundo.

O real vivido é marcado pela heterogeneidade das formas de vida, de trabalho, de satisfação, de identidade objetiva e simbólica, de formas e conteúdos de sua ambiência.

Aspirando a ser o palco da "única realidade", o real midiático é homogeneizador, padronizador, unificador de formas e conteúdos. Nele apresenta-se a diferença somente dentro do escopo, dos limites que lhe interessam, tentando impor a toda realidade sua lógica, seu funcionamento, sua manifestação imediata e seus interesses estruturais.

No real vivido, a desigualdade, como elemento resultante do atual sistema social, multiplica-se e constrói um mosaico de realidades sociais tão díspares e conflitantes, gerando ilhas de riqueza em um amplo horizonte de miséria em graus variados.

No real midiático prevalece a ficção da igualdade, uma média social do aceitável, mas que está completamente em desacordo com a realidade da ampla maioria do público a que se dirige. Trabalha ainda com a ideia de fracasso ou vitória pessoal, individualizando os problemas que, na verdade, estão na lógica constituinte do sistema social.

No real vivido, o tempo social é disperso e diferenciado, com distintas velocidades e rotinas temporais. Agilidades e lentidões se manifestam, sem se excluírem. Já o tempo da mídia é sincronizado, é ágil e se sobrepõe aos tempos cotidianos, os condiciona, aspirando a unificar todo o tempo do social.

É no real vivido que estabelecemos nosso pertencimento a grupos, classes, instituições, comunidades, nacionalidades. Já no real midiático esse pertencimento se dá em função de traços simbólicos propositalmente trabalhados para unificar uma sociedade com múltiplas faces e gerar a ilusão de pertencimento a um único corpo comum e harmônico.

Apesar dessas tensões e diferenciações, essas duas realidades interagem, alimentam-se, condicionam-se.

O real midiático se alimenta de elementos presentes no real vivido e tenta, a partir deles, interferir, formatar, definir o real vivido. Já o real vivido em alguns momentos se espelha no real midiático, em outros lhes tem estranhamento. Manifestam-se diferenças, conflitos, às vezes até mesmo antagonismo entre as duas realidades.

Isso porque são dimensões de fato diferentes. Mas seria possível diminuir sobremaneira a distância entre essas duas realidades. O caminho seria o inverso do que está em curso. Em vez de crescentemente o real vivido sofrer impacto e se subordinar à lógica do real midiático, deveria a mídia buscar refletir de maneira mais plural o real vivido.

Meios e mediações

O conceito de mediação é uma das rupturas mais marcantes dos Estudos Culturais com as correntes que o precederam na leitura dos meios de comunicação de massa, especialmente o funcionalismo norte-americano e a teoria crítica.

Isso porque a ideia de mediação rompe com estudos administrativos, parciais, e passa a ver comunicação como um processo mediado pela cultura e por processos sociais nos quais atuam seres reais e historicamente determinados. A tradição funcionalista, apesar de analisar a comunicação como parte integrante do "grande organismo" social, não compreende que, ainda que a comunicação possua um processo específico de elaboração e produção, ela se realiza num contexto mais amplo, que é, em última instância, o que lhe vai conferir sentido. Assim, a ideia de certa determinação das tecnologias de comunicação cai por terra. Claro que as técnicas ocupam importante papel no processo comunicacional, mas elas constituem meios que são apropriados e utilizados a depender da conjuntura histórica e social e das classes e grupos sociais que com eles se relacionam, seja no âmbito da produção, seja no âmbito mais amplo de seu consumo e significação.

Como conclusão desta reflexão, diríamos então que as técnicas e os meios delas derivados estabelecem possibilidades e limites para o "como" realizar a comunicação, mas eles em si não definem o sentido do comunicado, já que este depende da cultura e de inúmeros fatores intervenientes que constituem o contexto, as mediações que conferem significados diferenciados para classes, grupos, pessoas.

A ideia de mediação rompe também com o legado da teoria crítica, especialmente com a tradição estruturada a partir do pensamento de Adorno e Horkheimer. A ruptura se dá no sentido de que o conceito de mediação exclui a ideia de dominação acachapante por parte da Indústria Cultural, demonstrando que o processo comunicacional é campo de disputa simbólica e por isso cultural, ideológica, política e social. Claro que a ideia de mediação não desconsidera a assimetria existente nessa disputa. Porém, ela aponta a possibilidade de mudança, tão cara à ideia de história humana.

Através do conceito de mediação, podemos conceber o processo de comunicação como momento decisivo da construção da hegemonia, e da possibilidade de contra-hegemonia, na sociedade.

Para entender melhor como se dá esse processo de mediação, é preciso entender as variadas formas de comunicação. Que elas convivem e conflitam no processo de disputa da hegemonia. Vemos assim um cenário em que se destacam ao menos três grandes modelos de comunicação: a comunicação dialógica presencial; a comunicação de massa; a comunicação dialógica não presencial.

Em minha visão, o surgimento de um novo modelo comunicacional não representa o desaparecimento do anterior. Ao contrário, representa a ampliação de formas comunicacionais e novas combinações da comunicação na sociedade.

Assim, além de procurar entender os nexos de um modelo comunicacional específico, é preciso ver também qual o papel que ele desempenha na relação com os outros modelos. Na configuração do que podemos chamar de "todo comunicacional", que aparece aqui como a somatória, hierarquizada socialmente, das utilizações e da importância de cada modelo, que pode revelar ou ao menos indicar o papel da comunicação como um todo no processo societário de um dado momento histórico.

O primeiro modelo comunicacional que queremos registrar é o da comunicação dialógica presencial. É ele o modelo da comunicação face a face que percorre largos tempos históricos para chegar até aqui. E é importante dizer que os outros modelos, de alguma forma, procuram simulá-lo.

Parte da comunicação direta, sem mediação de técnicas específicas, que não a fala e os gestos. Cumpre papel essencial de objetivação do sujeito, da afirmação de sua identidade no trato com a alteridade. Mas, talvez, o traço mais importante deste modelo comunicacional é a forma de troca, de compartilhamento que ele promove. Ao permitir a interação, o diálogo, esse modelo foi e é fundamental para o desenvolvimento de todo o pensamento humano, se compartilharmos a visão de que ele se dá a partir do conflito de ideias e de seu aprimoramento. Ou seja, comunicação só tem sentido entre diferenças, entre subjetividades distintas nos debates ou embates emoldurados pelas questões sociais. É nesse processo que evolui o pensamento e, consequentemente, o próprio ser humano.

Não devemos imaginar esse diálogo como sendo realizado entre duas pessoas, sem contexto, sem a mediação social e, por conseguinte, cultural. Claro que para haver diálogo são necessários códigos comuns. E que a subjetividade de cada um estabelece-se pela diferença que lhe dá identidade, mas também por contextos sociais que emolduram o diálogo e que lhe dão certa igualdade. Não querendo idealizar, é preciso registrar que a autoridade social, seja lá em função do que foi estabelecida, age nesse diálogo. Contudo, o acesso e a interação, se não excluem essa autoridade, ao menos a relativizam.

Em suma, apesar do surgimento de novos modelos comunicacionais, juntamo-nos àqueles que veem o modelo dialógico presencial como fundante e decisivo para dar a tônica ao todo comunicacional.

Os demais modelos buscam de alguma forma simulá-lo. Por isso, têm sempre presentes elementos dele, pois dependem da repercussão da comunicação realizada nesse modelo todas as demais pretensões de comunicação.

O segundo modelo é o da comunicação nas chamadas mídias tradicionais de massa. Envolve cinema, rádio, televisão. Foi o modelo que deu origem às primeiras teorias da comunicação. Teve papel marcante no século passado e ainda é o principal referencial de comunicação na sociedade atual.

As características fundamentais desse modelo são: comunicação mediada pela técnica; ausência de diálogo, apesar de existir troca de sentidos. Esse modelo permitiu "unificar" sociedades através do real midiático, através da força e da autoridade da televisão e do rádio. Estabeleceu um comum social midiático que é decisivo para o entendimento da sociabilidade contemporânea e para revelar o chamado "espírito de nossa época". Superou fronteiras geográficas e culturais, transformou a circulação de bens simbólicos num grande mercado, com crescente importância econômica e com influência social indiscutível.

Hoje é inimaginável a sociedade que temos sem o papel desempenhado por esse modelo comunicacional. Produzidos cada vez em um número de centros mais reduzidos e difundidos de maneira nacional e mundial, os produtos desse modelo guardam a intencionalidade de seus produtores e a lógica impessoal (ou para ser mais preciso, industrial) de sua produção.

O terceiro modelo é o da comunicação dialógica não presencial, que tem origem recente e, portanto, revela-se como um elemento novo, que reestrutura o todo comunicacional em outros termos, já que tem influência crescente.

A marca essencial desse novo modelo é a combinação da relação dialógica com a mediação técnica, permitindo a simulação do primeiro modelo de comunicação por cima de barreiras de tempo e espaço.

Seria esse modelo síntese dos dois anteriores? Bem, é preciso dizer que esse novo modelo guarda as características mais positivas de seus precedentes: a questão dialógica como construtora do desenvolvimento do conhecimento e da subjetividade e a mediação das técnicas permitindo superar barreiras geográficas. É preciso ressaltar também o que ela não contém: a presença, fator importante da confiabilidade dialógica; e a difusão ampla, própria do modelo de comunicação de massa, já que a relação dialógica pressupõe recorte e definição de interlocutores.

O ciberespaço é a dimensão social em que se realiza esse novo modelo de comunicação, através de *chats, e-mails*, teleconferências, listas de discussão etc. Dentro dele se realiza também uma comunicação no modelo de massa, mas pesquisas recentes demonstram que a maioria dos acessos visa à relação dialógica não presencial.

A questão que está posta é em que termos esse modelo vai se relacionar com os modelos preexistentes para constituir o todo comunicacional e que impactos isso terá na sociedade.

Assim, todas as teorias que buscavam refletir sobre o modelo dialógico presencial, sobre o modelo de comunicação de massa ou sobre a relação de ambos, estão agora desafiadas a entenderem o novo modelo e levá-lo em conta na nova configuração do todo comunicacional, procurando iluminar suas ligações e o papel de cada modelo dentro dele.

Posto isso, retornamos à questão da mediação para afirmar: as mediações são "outras formas de comunicação" que interferem na constituição da cultura e da consciência de cada classe, grupo ou pessoa no processo de consumo da comunicação de massa. Essas outras formas de comunicação dizem respeito às inúmeras maneiras de construção de sentimento compartilhado. Portanto, situam-se nessas outras formas de comunicação as brechas da luta contra-hegemônica.

Assim, as mediações são sociais e comunicacionais. Dizem respeito a grupos e pessoas, como classes, que pensam, sentem e comunicam entre si visões e sentidos sobre o que é transmitido pelos meios de comunicação de massa.

Hibridismo e mestiçagem

As configurações específicas, histórica e geograficamente determinadas da constituição do que chamamos América Latina em geral, e do Brasil em particular, exigiram de nós, em outros tempos, categorias analíticas que dessem conta de nossa complexa formação social.

Mestiçagem e hibridismo, com suas qualidades e limites conceituais, constituíram-se em instrumentos importantes para o entendimento de sociedades em que culturas fortes e diferenciadas confluíram para darem base a novos povos, que não privilegiaram a diferença como gueto, mas como elemento próprio de sua constituição.

Porém, num momento em que se multiplicam os contatos interculturais, conceitos que foram fundamentais para leituras de constituição de culturas nacionais podem e devem nos auxiliar para o entendimento dessas novas formas de cultura ensejadas pela ampliação de relações entre diferentes no contexto de globalização.

Em termos culturais, diríamos, como Glissante, que o mundo se crioliza, isto é, torna-se cada vez mais mestiço, mesclado, abrindo-se cada vez mais sem preconceito para a mistura, para a consideração das formulações híbridas (ABDALA, 2004, p. 18).

Assim, entendemos de grande importância o conceito de hibridação, através da formulação: "hibridação não como sinônimo da fusão sem contradições, mas, sim, que pode ajudar a dar conta de formas particulares de conflitos geradas na interculturalidade recente..." (CANCLINI, 2003, p. XVIII).

No entanto, num período de profundo domínio do neoliberalismo e do império norte-americano, em que se utiliza um discurso de elogio à combinação cultural como sinalização para que as culturas nacionais abram-se para o domínio de suas ideias, é preciso atenção na utilização do conceito que pode ser apropriado pelo discurso dominante e não como uma visão efetiva de relações.

Na verdade, é inescapável travar esta luta e polêmica. Até porque a realidade se constitui cada vez mais através dessas combinações, ora positivas e profícuas, ora na esteira de um esforço ensurdecedor da ideologia dos dominadores.

Tanto mestiçagem, como traço fundamental da formação de novos povos vindos de origens distintas, quanto hibridações, como processos culturais de constituição de novas manifestações a partir de matrizes distintas são indispensáveis para a análise deste momento que vivemos, mas sempre atentos às fronteiras ideológicas e políticas que nos separam de uma visão funcional e oportunista da mescla de culturas como caminho para tornar hegemônica uma única visão de mundo advinda do centro do império.

> A esse movimento de concentração em que as considerações de heterogeneidade, conforme argumentamos, podem servir de ideologia da globalização, sucede-se outro, de articulações comunitárias, correlatamente supranacionais, onde a consideração do híbrido pode constituir uma forma de democratização e respeito das diferenças (ABDALA, 2004, p.18).

Importante entender que, em termos mais limitados e específicos, a combinação, a bricolagem, a confrontação, a convivência de diferenças gritantes num mesmo processo é ensejada e potencializada pela cultura digitalizada em geral, e em especial pela internet. Nesses produtos e espaços, acima de temporalidades e territorialidades, combinam-se infinitos elementos culturais, produzindo uma hibridação sem precedentes.

Capítulo 7
A contribuição dos Estudos Culturais na análise da comunicação de massa

Entre outras contribuições dos Estudos Culturais, uma que podemos considerar decisiva para nossa compreensão da sociedade contemporânea foi a análise realizada sobre o papel dos meios de comunicação de massa na constituição da cultura.

São inúmeras as correntes que procuraram analisar o papel da comunicação de massa na sociedade. Não tenho condições de aqui analisar todas, pela grande gama disponível.

Sendo assim, registramos, ao lado dos Estudos Culturais nessa área, duas correntes que são consideradas fundadoras e que mantêm até hoje grande influência nos debates: o funcionalismo norte-americano e a teoria crítica.

Essas duas correntes, de maneiras diversas, contribuíram para transformar a questão da comunicação em objeto de pesquisa científica.

Contextos e paradigmas dos estudos de comunicação – funcionalismo e teoria crítica

Uma questão essencial para analisar a emergência de estudos mais sistematizados da comunicação é entendermos o contexto social vivenciado em meados da década de vinte do século passado, em especial na sociedade norte-americana.

Trata-se do advento da chamada sociedade de massa, que podemos caracterizar de maneira tópica com os seguintes traços: perda da importância dos laços naturais de parentesco e de relação com o espaço que lastreavam as comunidades anteriores; estabelecimento de novos laços, definidos a partir do contrato de trabalho e de novas relações na urbanidade; estranhamento das formas de participação em grandes conglomerados urbanos; mudança de hábitos de consumo e de comportamento; carência de segurança e de proteção antes oferecidos pela comunidade; entre outros aspectos.

É dentro desse contexto que surgiu, segundos alguns teóricos, o chamado "homem-massa", indivíduo socialmente isolado que se move pelos seus interesses imediatos, de maneira atomizada na multidão.[2] Essas caracterizações, bastante correntes, merecem mais matizações. Se for verdade que as relações anteriores eram mais estáveis e enraizadas, é verdade também que ao se deslocarem para as cidades, os setores populares buscaram "reconstruir" espaços de referência para recuperar sua sociabilidade. Portanto, as caracterizações de "sociedade de massa" auxiliam no entendimento daquele momento, mas também revelam parcialidade e limites.

Com tais configurações, deparamo-nos então com grandes cidades, com um grande número de trabalhadores recém-chegados de outras partes, buscando redefinir seus hábitos e sua forma de viver, em outras palavras, sua cultura no cotidiano.

É dentro dessa realidade que vão emergir os meios de comunicação de massa: em especial o rádio e o cinema, e só posteriormente a televisão.

Os objetivos de seus promotores eram claros: criar formas de sintonizar aquela sociedade ainda não sedimentada; ajudar a "domesticar" a massa recém-chegada em termos de urbanidade; impor novo padrão de consumo referenciado no capitalismo moderno. A face da propaganda é destacada como fundadora principalmente da radiodifusão e também de outras áreas.

Iremos nos ater, rapidamente, a dois dos aspectos levantados. O primeiro, a utilização dos meios de comunicação para dar nexo a um tecido social em formação. A realidade não oferecia instrumentos eficazes nem ao Estado, nem ao mercado de controle do crescimento urbano e da irrupção da massa. Portanto, pensavam os promotores da comunicação de massa, era imprescindível ter um instrumento que pudesse criar um "comum social" naquela realidade. O segundo aspecto, ainda do ponto de vista dos promotores, era o de impor um novo padrão de consumo.

---

[2] Verificar a caracterização dessa sociedade de massa no trabalho de Mauro Wolf, *Teorias da Comunicação*, 8. ed. Lisboa: Editorial Presença, 2003.

Vindos de realidades em que os recursos eram mais escassos e as possibilidades limitadas, essa "massa" tinha hábitos de consumo bastante limitados e referenciados essencialmente em suas necessidades básicas. As aquisições sempre levavam em conta o baixo custo e, principalmente, a durabilidade. Era imprescindível alterar esse padrão de consumo para algo que transformasse o cotidiano todo como ação de consumir. Os promotores viam nos meios de comunicação um dos instrumentos decisivos para isso.

Porém, e do ponto de vista dos setores populares, que sentido tinham aqueles instrumentos? É importante responder a essa pergunta, pois senão, mesmo com todo o empenho dos promotores, se os meios de comunicação não correspondessem a certos interesses populares, as "massas" podiam não aderir aos novos meios.

Bem, os setores populares abraçaram rapidamente os novos meios por motivos diversos. Podemos registrar aqui alguns deles: o caráter de novidade, de modernidade que eles continham; por verem neles canais de "compartilhamento simbólico" não disponíveis em outras esferas da sociedade; por dialogarem com as carências sociais e pessoais dessa imensa parcela da sociedade.

Tudo isso posto, podemos afirmar que, com interesses diferenciados, promotores da comunicação e o público acabaram por impulsionar as novas técnicas de comunicação. É nesse momento que a comunicação começa a ganhar estatuto científico.

Foi longo o percurso da filosofia, passando pela constituição do campo das ciências sociais até chegar ao estatuto científico do estudo da comunicação. Foi penoso.

Aqui chegamos a um elemento fundamental que nos leva a começar por uma análise da formação social contemporânea: além de ser elemento intrínseco da sociabilidade humana, a comunicação é historicamente determinada. Ou seja, não podemos falar de comunicação como algo a-histórico. Ela se manifesta de maneira diferenciada ao longo da história, baseada na realidade social concreta, em suas contradições e contornos.

E é em função da configuração histórica da sociedade na década de 1920 que surgirão os primeiros estudos que vão compor o que chamamos de "funcionalismo norte-americano".

Seus objetivos iniciais não estavam lastreados num interesse descomprometido e meramente analítico. Surgem como estudos para garantir a "eficácia" da comunicação em relação aos objetivos de seus promotores. Não é casual que a parte que impulsiona as primeiras pesquisas é a da propaganda. Num primeiro momento, incentivando o consumo de mercadorias, e, logo após, de ideias políticas.

Está, portanto, na origem do funcionalismo, seu compromisso completo com os interesses dos promotores para vender produtos, hábitos de consumo ou projetos políticos.

O próprio funcionalismo tem, portanto, uma história de evolução interna de seu campo, que vai dos primórdios, com a limitada teoria da agulha hipodérmica, passa pela teoria da informação e chega aos nossos dias, com requinte e lastro teórico, através de pesquisas como a da *agenda setting*.

Quais os traços centrais desse campo funcionalista que lhe dão identidade?

Um primeiro e decisivo traço em praticamente todo campo que estamos tratando é exatamente o que lhe empresta o nome. Ou seja, uma visão positivista de que a sociedade é um organismo vivo, dependente de que suas partes cumpram suas "funções" para que ela funcione e se desenvolva. Nesses termos, a comunicação de massa teria o papel de garantir o equilíbrio social e garantir sua reprodução. Assim, o objetivo fundador do campo aponta para seu comprometimento profundo com o funcionamento da sociedade capitalista contemporânea.

Outro aspecto comum, apesar de abordagens diferenciadas, é o da subestimação do papel do chamado "receptor" em relação ao emissor e à mensagem. Em suas variadas abordagens, o receptor aparece sempre como o que precisa ser "atingido", mas não como aquele que possui papel realmente ativo. As resistências ou ressignificações promovidas pelos receptores apareciam sempre como anomalia a ser superada, para que a comunicação fosse eficiente.

O terceiro aspecto é o de, com base nesses pressupostos, terem desenvolvido grande gama de pesquisas empíricas, de parcialidades do processo comunicacional que, se não dão conta de uma leitura mais ampla e adequada dele, podem auxiliar sobremaneira o entendimento do "como produzir comunicação" ao menos em aspectos concretos e técnicos. Portanto, como era de se esperar pela sua origem, essas pesquisas ajudam mais no processo de produção do que no entendimento do papel efetivo da comunicação dentro da sociedade.

Essa tendência clara de adesão e defesa do *status quo* não passou sem percepção e, assim, gerou críticas e contestações.

Partirá da Europa, em especial de Frankfurt, na Alemanha, a crítica mais contundente a esse campo teórico. A teoria crítica tem sua origem na constituição, em 1923, do Instituto de Pesquisa Social da Universidade de Frankfurt. Instituto esse que teve como objetivo inicial estudar a realidade do movimento operário europeu. O Instituto ficou conhecido como a Escola de Frankfurt. Importante notar que, apesar de sua origem, as investigações fundamentais da escola não se desenvolveram em solo europeu, devido à perseguição nazista. Será na mesma sociedade norte-americana que produziu o funcionalismo que, em especial, dois expoentes da escola, Adorno e Horkheimer, vão produzir suas obras clássicas. De dentro, portanto, de um mesmo contexto social, mas a partir de parâmetros distintos.

Assim como o funcionalismo, a teoria crítica constitui-se num campo teórico, tendo temáticas e visões comuns sobre inúmeros aspectos, mas também contendo divergências importantes entre seus membros e suas gerações distintas. As visões de Adorno e de Benjamin, por exemplo, diferiam em aspectos importantes.

Desde sua fundação, os membros da Escola tinham o marxismo pelo menos como o principal referencial teórico para entendimento da sociedade capitalista. Ou seja, seus pressupostos eram opostos aos do funcionalismo: um procurando cumprir sua *função* para manutenção da sociedade e do *status quo*; o outro procurando *criticar* o capitalismo dentro de uma perspectiva socialista.

A essência da obra da Escola é mostrar a utilização dos meios de comunicação de massa para a dominação da população, em especial dos trabalhadores.

É na obra de Adorno e Horkheimer, *A Indústria Cultural – O Iluminismo como mistificação das massas*, que surge pela primeira vez o conceito de Indústria Cultural, conceito que até hoje permanece tendo grande utilização na análise da comunicação de massa.

Na visão dos autores, a Indústria Cultural se constitui em um setor específico da produção capitalista, que engloba toda a produção simbólica e que tem como elemento unificador a ideologia dominante. Além da ideologia como ponto de unidade, ressaltam dois elementos: o processo de produção é feito parcializado e em escala, como os demais setores, rompendo assim com a autenticidade e autoria da obra; o produto desse trabalho é tratado exatamente como mercadoria, às vezes tangíveis, como um livro, às vezes intangíveis, como um filme assistido no cinema, mas sempre buscando o lucro.

O texto afirma de maneira radical que a Indústria Cultural busca, nos momentos de descanso, ser o prolongamento da dominação que os trabalhadores sofrem na fábrica. O lazer como fonte de controle social.

Ressaltam que a Indústria Cultural combate um inimigo já derrotado: o ser pensante, capaz de crítica. Outra conclusão importante desses autores é que a Indústria Cultural desenvolve fórmulas para seus produtos, que têm sempre os mesmos elementos básicos, com algum grau de novidade para poder ser consumido.

Em outras palavras, a teoria crítica é o reverso do funcionalismo norte-americano. É como se um afirmasse que a função é servir ao controle da sociedade e o outro fizesse a denúncia desse controle.

Ao menos no pensamento de Adorno e Horkheimer fica claro que a dominação é efetiva a partir dos meios de comunicação de massa. Assim, na visão dominante na Escola de Frankfurt, o receptor é mesmo um sujeito que é manipulado e dominado, sem condições de reflexão e resistência.

Importante ressaltar que a visão de Walter Benjamin, outro expoente da Escola e que, infelizmente, teve sua produção interrompida antes do tempo em função da perseguição nazista, difere em pontos importantes da concepção de Adorno e Horkheimer.

Para Benjamin, a nova forma de produção imposta pelo capitalismo, com atraso de quase meio século, chegava também à dimensão da produção simbólica, impondo novas lógicas e uma nova noção de arte. Seu esforço analítico parte do marxismo e busca desvendar o papel da dimensão artística e cultural para a luta política revolucionária, dados que muitos teóricos fazem questão de ocultar ou esquecer.

Benjamin vai empreender uma análise do papel da reprodução das obras ao longo da história e vai demonstrar que o dado novo é a larga utilização de novas técnicas de reprodutibilidade da arte, levando assim a uma produção em larga escala, sem distinção entre original e cópia.

Em função da larga aplicação dessas novas técnicas, a obra de arte estaria desvalorizando o "aqui e agora". Para ele, mesmo que o conteúdo da obra não seja alterado, o que ocorre é que ela perde sua *aura* que, para ele, estava relacionada à unicidade e originalidade de uma obra.

No entanto, sua análise não é uma condenação a esse processo, no qual ele identifica resultados opostos. Por um lado, rompe-se com a elitização da arte, que passa a visitar círculos muito mais amplos da sociedade através de sua reprodução. Por outro, a própria concepção de arte e alguns de seus elementos anteriores vão se alterar, gerando um novo *sensorium*, ou seja, uma nova forma de se ver a arte.

A visão de Benjamin está menos eivada de pessimismo que a de Adorno e Horkheimer. Ele parte dessa realidade para propor a politização da arte, a ação para a transformação, deixando claro, portanto, que crê na possibilidade de reflexão/rejeição do receptor em relação aos objetivos de dominação da Indústria Cultural.

Outro elemento que consta já no início de seu trabalho *A obra de arte na época de sua reprodutibilidade técnica* é a importância que a dimensão da arte e da cultura assume na luta de classes. Afirma Benjamin:

> A dialética dessas condições é tão evidente na superestrutura quanto na economia. Por isso, seria equívoco subestimar o valor dessas teses para a luta de classes (BENJAMIN, in LIMA, 2000, p. 222).

De qualquer forma, é preciso registrar que a visão dominante da Escola foi a de Adorno e Horkheimer, o que colocou o pensamento comunicacional num dualismo funcionalismo/teoria crítica, que empobreceu por muito tempo o debate e reforçou a ideia de quase nulidade do papel da recepção no processo de comunicação.

A teoria crítica aportou com grande força no pensamento comunicacional latino-americano e teve durante longos anos, se é que ainda não a tem, ampla hegemonia entre os setores democráticos e de esquerda.

Interessante ressaltar que, no Brasil em especial, mas também em outros lugares de nosso continente, esse pensamento, de origem marxista, passou por uma hibridização na convivência com a crítica que a Igreja Católica fazia aos veículos de comunicação, ampliando sua força. Aliás, a título de registro para futuras explorações, o hibridismo entre marxismo e catolicismo teve e tem dimensões decisivas para a história social e política do nosso continente.

Esses dois campos teóricos dos estudos de comunicação: funcionalismo e teoria crítica, apesar da existência de inúmeras outras formulações, polarizaram duramente o debate, enrijeceram as fronteiras, empobreceram as análises mais amplas e reais dos processos.

Para o receptor restava pouca possibilidade: ou era engajado e revolucionário, ou era alienado e manipulado. Só que era exatamente entre estes dois extremos que estava toda a imensa população que consumia e consome os meios de comunicação de massa, não encontrando nessas teorias explicações plausíveis.

A contribuição dos Estudos Culturais

A emergência dos Estudos Culturais e sua análise dos meios de comunicação de massa vieram, no mínimo, romper essa polarização e procurar oferecer uma visão mais ampla e mediada para o entendimento do papel dos meios de comunicação de massa na sociedade e, em especial, na cultura dos setores populares.

Apontaremos aqui, em divergência tanto com o funcionalismo quanto com a teoria crítica, quatro traços fundamentais dos Estudos Culturais que possibilitaram uma leitura mais adequada da influência dos meios de comunicação de massa sobre a sociedade, em especial, em relação aos setores populares.

O primeiro traço fundamental é o de concepção de sociedade e das possibilidades de sua transformação. Onde o funcionalismo via um grande organismo vivo, tendendo ao equilíbrio, no qual os conflitos eram tratados como anomalia ou onde a teoria crítica via uma sociedade dominada, submetida completamente ao poder do capitalismo e da mídia, os Estudos Culturais vão ver o conflito, a luta, a disputa da hegemonia por classes, setores e blocos diferenciados.

Essa distinção é fundamental, porque revela, por um lado, que a sociedade não é harmônica e sim conflitiva, e, por outro, que existe sim dominação, mas como processo e disputa, não como algo dado, plasmado, imutável.

Um segundo traço fundamental, derivado do primeiro, é a análise de que o campo da cultura e da comunicação se constitui numa arena decisiva para a luta social e política na sociedade contemporânea. O funcionalismo vê essa área como extensão dos interesses dominantes da sociedade, portanto justificam que os meios de comunicação devem cumprir completamente essas funções. Partem do pressuposto de que existe um interesse comum a todos os membros da sociedade. Já a teoria crítica vê a questão da comunicação e da cultura como espaço de dominação, de controle social, retirando delas a possibilidade de mudança, de luta, de conflito.

Os Estudos Culturais reconhecem que existem intencionalidades de dominação por parte da Indústria Cultural, expressas de maneira consciente ou inconsciente, de maneira explícita ou implícita. No entanto, partem de uma visão de que existem muitos elementos intervenientes que fazem com que essas intencionalidades se realizem ou não em partes ou integralmente. Essa visão indica que o processo de comunicação não se realiza sobre o "domínio" dos emissores.

É preciso que esse aspecto seja analisado de maneira mais detida, senão corremos risco de, ao romper uma visão equivocada, cairmos imediatamente em outra, ou seja, seu oposto. Reconhecer que os emissores não são os todo-poderosos do processo de comunicação não pressupõe desconsiderar que eles detêm um poder, e grande, no conflito e na disputa existente na sociedade. Relativizar seu poder de mando não quer dizer subestimá-lo.

Essa observação se dirige em especial ao próprio campo dos Estudos Culturais, no qual, em algumas análises aparece uma visão que acaba por estabelecer uma simetria entre o poder do emissor e do receptor, o que certamente não corresponde à realidade.

O terceiro traço fundamental revela que as mediações sociais são o elemento decisivo para determinar como se realiza o processo comunicacional em cada sociedade. O funcionalismo padece, desde seu início, de uma visão que acaba por desconsiderar em termos a sociedade real em que o processo comunicacional se realiza. A teoria crítica leva em conta a configuração histórica; porém, por partir de uma recusa global da Indústria Cultural, no geral, não buscou analisar de maneira mais detida seu processo de realização dentro de realidades nacionais e sociais específicas.

Já os Estudos Culturais, por avaliarem que a mediação social é decisiva para o entendimento do processo comunicacional, parte de uma visão de que é necessário antes de tudo reconhecer as especificidades da constituição de dada sociedade, seus dados de configuração histórica, para, a partir deles, buscar entender como os meios atuam.

Por isso, os Estudos Culturais sobre os meios de comunicação de massa na Europa vão ter, apesar de alguns traços comuns, muitos elementos diferenciados de uma avaliação da Indústria Cultural na América Latina, em geral, e também de acordo com a realidade de cada país.

Esse traço distintivo motivou especial reflexão sobre como se constituem as indústrias culturais em países vindos de mestiçagem, de capitalismo tardio e dependente, produzidos a partir de encontros de cultura, com modernizações conservadoras, além de permitirem também a análise do deslocamento do popular para o massivo; da relação entre Estado e Indústria Cultural; da característica monopolista e conservadora dos empreendimentos em comunicação etc.

Os Estudos Culturais não se constituíram num esquema teórico em que a realidade precisava ser encaixada, mas de um caminho de pesquisa da realidade como elemento decisivo do entendimento dos processos que nela se realizam, em especial a questão da comunicação e da cultura, em suas relações com a tecnologia, a economia e a política.

Obras como *A moderna tradição brasileira*, de Renato Ortiz, são exemplares desse esforço de entendimento das peculiaridades da formação da Indústria Cultural dentro das fronteiras e histórias nacionais e sua relação com toda a cultura preexistente.

O quarto traço que reputo como contribuição dos Estudos Culturais na análise do papel dos meios de comunicação de massa na sociedade é o de ver na chamada "recepção" um papel ativo e importante, que pode alterar o resultante de todo o processo. A partir das mediações sociais, as pessoas se "relacionam" com a comunicação de massa, estabelecendo negociações simbólicas a partir da oferta proposta pelos veículos, mas também de sua visão de mundo, de seus hábitos e crenças, ou seja, de sua cultura.

Para o funcionalismo, o "público" é considerado elemento a ser conquistado, seduzido, influenciado. Para a teoria crítica, em outros termos, o público é vítima de manipulação, de dominação, de controle. Em nenhuma das duas correntes o público é visto como sujeito, como ator participante e ativo do processo social que é a comunicação, mesmo que mediada por tecnologias.

Já nos Estudos Culturais, sem idealizações desse público e de suas capacidades, fica clara a visão de que ele se constitui por ação ou omissão em sujeito do processo, ator que determina o desfecho da trama em questão.

Uma visão importante, que poderia até constituir-se num quinto elemento fundamental, é a de que é impensável analisar a sociedade contemporânea sem entender que existem dimensões diferenciadas da realidade: o real cotidiano, feito dos valores e das rotinas vivenciadas diretamente pelas pessoas; e o real mediático, dimensão relacionada a tudo que se produz de simbólico através dos meios de comunicação de massa. Em suas diferenças, conflitos e contradições, mas também em suas intersecções e identidades, constituem o que podemos chamar de real social.

Certamente existiriam outros traços importantes a ressaltar acerca da contribuição dos Estudos Culturais na análise dos meios de comunicação de massa. Minha opção ao focar esses quatro aspectos foi para ao menos demonstrar que os Estudos Culturais contribuíram para uma análise mais adequada e menos parcial do processo de comunicação, rompendo a polarização anterior, desbloqueando o debate e abrindo novas fronteiras para a pesquisa de comunicação.

Capítulo 8
Breve histórico do ciberespaço

O ciberespaço é uma nova dimensão que emerge com a digitalização do simbólico e sua circulação através da rede mundial de computadores e de tantos outros mecanismos tecnológicos que vão interagindo com as dimensões preexistentes e gerando novas lógicas e formas de relação cultural.

Primórdios

Podemos identificar um duplo impulso da atividade humana que culmina com o surgimento do que chamamos de ciberespaço. Um primeiro é o de constituir instrumentos que pudessem simular atividades do ser humano. Não a da atividade física – que, desde os primórdios, a humanidade buscou diminuir com a sua substituição por outros animais, depois através de diversas formas de energia–, mas a da atividade mental, mesmo que simples, como o registro, as operações básicas, para facilitar o seu cotidiano. O segundo impulso se inscreve no esforço de ampliar suas formas de comunicação que remonta à própria constituição da chamada sociedade humana, tendo como base a capacidade de se comunicar e passa pela invenção da escrita, da imprensa, do rádio e da TV.

São impulsos paralelos que foram convergindo. Marco decisivo desse processo foi o surgimento dos computadores. Equipamentos gigantescos, com capacidades limitadíssimas, mas se configuraram num passo decisivo para a situação com a qual nos deparamos hoje. Os computadores surgem a partir do primeiro impulso e são máquinas que realizam operações básicas, controles etc. Nesse aspecto estão ainda no campo de próteses técnicas para facilitar o trabalho humano. São praticamente grandes calculadoras ou arquivos de dados simplórios.

Porém, o percurso percorrido fez com que se tornassem mais complexas as operações possíveis, aumentasse sua velocidade, diminuísse o seu tamanho e barateasse seus custos. É assim que algo que antes só podia ser pensado como instrumento de órgãos de governo ou de grandes corporações pôde dar um salto decisivo que marca uma inflexão na sua história: o surgimento do *Personal Computer*, disponibilizando para uma vasta parcela da população esse equipamento que veio simplificar imensamente as tarefas humanas do cotidiano. Sem falar nos aparelhos celulares, que hoje se configuram como computares com mobilidade completa.

> O gigante computador central, conhecido como *mainframe*, já foi substituído por microcomputadores em quase toda parte. Vimos os computadores mudarem-se de enormes salas com ar-condicionado para os gabinetes, depois para as mesas e, agora, para nossos bolsos e lapelas (NEGROPONTE, 1997, p. 12).

No entanto, o que chamamos de PC eram máquinas de escrever ou calculadoras mais desenvolvidas, aplicadas a inúmeras atividades, porém ainda realizavam ações isoladas.

Em paralelo se desenvolvia todo um esforço de constituição de instrumentos de comunicação de massa. Impressos, telégrafos, telefone, rádio, cinema, televisão. Linhas de distribuição de jornais e livros, rede de telégrafos, cabos de telefone, antenas de rádio, satélites para a emissão de TV.

É justamente quando esses dois impulsos se encontram que iniciamos o processo de constituição do ciberespaço. E o processo começou quando o computador rompeu o seu isolamento e começaram a se gestar pequenas redes conectando o que antes estava isolado. É quando o esforço de simulação do pensamento se encontra com as condições de comunicação que ocorre um salto de qualidade, e as possibilidades de emergência do ciberespaço começam a se desenvolver. Essa dupla vocação: "máquina de pensar" e "máquina de comunicar" constituirá uma tensão permanente e impulsionadora.

Outro elemento tecnológico interveniente e decisivo foi a chamada digitalização. A ruptura promovida com a tecnologia analógica foi imprescindível para permitir o sucesso da fusão pensar/comunicar.

É que a digitalização está na base de toda a capacidade de processamento de informação pela máquina. As palavras, os sons, as imagens, todo o acervo simbólico constituído pelo ser humano pôde, desde então, ser reduzido a meros 0/1, aberto/fechado, através da infinidade de suas combinações. O digital é a "linguagem" decisiva, revolucionária, para "codificarmos" praticamente tudo para a "máquina".

> Um *bit* não tem cor, tamanho ou peso e é capaz de viajar à velocidade da luz. Ele é o menor elemento atômico no DNA da informação. É um estado: ligado ou desligado, verdadeiro ou falso, para cima ou para baixo, dentro ou fora, preto ou branco. Por razões práticas, consideramos que o bit é um 1 ou um 0 (NEGROPONTE, 1997, p. 19).

Graças a essa linguagem, podemos ter um filme num mero disco de DVD ou uma biblioteca inteira em um CD-ROM (recentemente me deparei com um CD-ROM que continha mais de 200 títulos de *e-books* dos clássicos da literatura espanhola).

Bem, dadas as referências básicas da trajetória do computador e de seu encontro com comunicação e a adequada linguagem para esta conexão, passamos agora a historiar rapidamente o surgimento da Internet, que é a expressão desse encontro e do que chamamos ciberespaço.

Internet – Surgimento e expansão

A gênese da Internet pode ser encontrada numa rede de computadores montada a partir da Advanced Research Projects Agency (ARPA) em setembro de 1969. A ARPA foi formada em 1958 pelo Departamento de Defesa dos Estados Unidos para realizar pesquisas com o objetivo de alcançar superioridade tecnológica e militar em relação à União Soviética. Foi buscando estimular a pesquisa em computação interativa que surgiu o programa chamado ARPANET, que visava compartilhar tempo de computação *on-line*.

A ARPANET utilizou uma tecnologia inovadora de transmissão, a comutação por pacote, desenvolvida por Paul Baran na Rand Corporation e por Donald Davies no British National Physical Laboratory.

> O projeto de Baran de uma rede de comunicação descentralizada, flexível, foi uma proposta que a Ran Corporation fez ao Departamento de Defesa para a construção de um sistema militar de comunicação capaz de sobreviver a um ataque nuclear, embora nunca tenha sido o objetivo por trás do desenvolvimento da ARPANET (CASTELLS, 2003, p. 14).

É por essas relações em seu nascedouro que muitos afirmam que o surgimento de redes de computador teve inspiração militar, o que, se não é de todo falso, também não corresponde plenamente à verdade. É o próprio Castells que refuta uma origem eminentemente militar para a Internet: "Antes de mais nada, a Internet nasceu da improvável intersecção da *big science*, da pesquisa militar e da cultura libertária" (CASTELLS, 2003, p. 19).

Quando é inaugurada a ARPANET, em 1969, existem três Universidades conectadas. Em 1971, já eram 15 pontos, sendo a maioria em centros universitários de pesquisa. Em 1973, Robert Kahn, da ARPA, e Vint Cerf, da Universidade de Standford, publicam um artigo delineando a arquitetura básica da Internet, no qual afirmavam a necessidade de protocolos padronizados para constituir redes de computadores. Ainda em 1973, em um seminário realizado em Standford, comandado pelo próprio Cerf, em conjunto com Gerard Lelann e Robert Metcalfe, apresentou um projeto de protocolo de controle de transmissão TCP, o qual, em 1978, foi dividido em duas partes, acrescentando um protocolo intrarrede (IP), o que gerou o protocolo TCP/IP, o padrão segundo o qual a Internet opera até os nossos dias.

Em 1975, a *Arpanet* foi transferida para a Defense Communication Agency (DCA), que então estabeleceu a chamada Defense Data Network, operando como o padrão TCP/IP. Em 1983, o Departamento de Defesa decidiu criar a MILNET, uma rede independente para fins militares. A ARPANET tornou-se ARPA-Internet e passou a dedicar-se à pesquisa. Em 1984, a National Science Foundation (NSF) montou sua própria rede, a NSFNET, e em 1988 começou a usar a ARPA-Internet como sua infraestrutura. Em 1990, a Internet foi retirada de seu ambiente militar e passou a ser administrada pela NSF, que tratou logo de encaminhar a privatização da rede, privatização que ocorreu em paralelo ao financiamento pelo governo dos EUA de computadores com protocolos que permitiam entrar em rede.

Conforme Castells:

> No início da década de 1990, muitos provedores de serviço montaram suas próprias redes e estabeleceram suas próprias portas de comunicação em bases comerciais. A partir de então, a Internet cresceu rapidamente como uma rede global de redes de computadores. O que tornou isso possível foi o projeto original da ARPANET, baseado numa arquitetura em múltiplas camadas, descentralizada, e protocolos de comunicação abertos (CASTELLS, 2003, p. 15).

Mas, concomitantemente ao desenvolvimento da ARPANET, contribuições tecnológicas importantes foram surgindo, como foi o caso do BBS e do MODEM.

Dois movimentos paralelos merecem registro pelas marcas que deixaram. O primeiro foi o desenvolvimento da www, feito pelo programador inglês Tim Berners-Lee, que trabalhava no Laboratório Europeu para a Física das Partículas. Foi ele quem desenvolveu o *software* que permitiu obter e acrescentar informação de e para qualquer computador conectado através da Internet. Em 1990, com a colaboração de Robert Calliau, construiu um programa navegador/editor que chamou de *world wide web*.

O outro movimento importante foi realizado em 1984, por Richard Stallman, programador do Laboratório de Inteligência Artificial do MIT. Stallman reagiu à decisão da AT&T de reivindicar os direitos de propriedade sobre o UNIX, lançando a Free Software Foudation, defendendo o que ele chamou de "copyleft", que era o incentivo à utilização de *software* livre e o incentivo ao aperfeiçoamento pelos usuários. Em 1991, de acordo com esse princípio, Linus Torvards, um jovem de 22 anos, estudante da Universidade de Helsink, desenvolveu um novo sistema operacional baseado no UNIX, que foi chamado de Linux, e o distribuiu gratuitamente pela Internet. Com a contribuição de milhões de usuários, hoje o Linux é um dos sistemas operacionais mais avançados e representa um marco na luta pelo *software* livre.

Para o uso da sociedade em geral, a Internet "nasce" em 1995. Em 2003, ou seja, com menos de dez anos de existência, ela contava com mais de 676 milhões de usuários e com 233 milhões de páginas disponíveis, segundo estudo realizado pela Conferência da ONU para o Comércio e o Desenvolvimento.

Claro que a distribuição do acesso e também da produção de conteúdo são profundamente desiguais em termos globais. Em 2000, os EUA respondiam por 65% de todos os *websites* mais visitados e 83% do total de páginas consultadas da Internet, segundo Manuel Castells.

Podemos afirmar que a Internet tem uma expansão rápida e sustentada, ocorrendo de maneira diferenciada nas regiões do globo.

No entanto, é inescapável afirmar que a desigual distribuição de conexão no mundo faz também com que o impacto cultural da Internet não possa ser generalizado, mas precisa sim ser visto à luz da realidade de cada país e, dentro dele, através da distribuição de conexão pelas regiões. Isso já é uma característica do que podemos chamar de cibercultura: ela tem traços gerais, mas precisa ser vista na sua relação com uma sociedade concreta.

A digitalização do simbólico

Ao longo dos séculos, a humanidade foi multiplicando sua produção simbólica de maneira exponencial. Cores, sons, traços, símbolos, alfabetos sendo combinados de infinitas maneiras, produzindo um vasto patrimônio cultural da humanidade.

Poderíamos fazer inúmeros recortes dessa produção: oriente/ocidente, norte/sul, países desenvolvidos/países subdesenvolvidos, centro/periferia, ricos/pobres, erudita/popular, religiosa/laica, a título de exemplo.

Porém, toda a produção inscrita numa ou noutra definição possível hoje pode ser digitalizada e disponibilizada para qualquer pessoa que tenha acesso à rede mundial de computadores.

Tudo o que concebemos de simbólico reduzido a apenas um código binário. Centenas de alfabetos, milhões de imagens e sons, tudo codificado para a lógica digital.

A rede acaba por se constituir num imenso depositário da imaginação humana, uma reserva permanentemente renovada e atualizada dos produtos de culturas tão diversas.

Em artigo publicado no *New York Times*, o estudioso Kevin Kelly, autor de *Out of Control: The New Biology of Machines,* afirmou que todo o conhecimento humano cabe em 50 *petabytes* que, convertidos em disquetes, ocupariam um prédio de dois andares. O Google se empenha no momento em digitalizar o acervo das cinco maiores bibliotecas do mundo. Na China, 100 mil páginas de livros estão sendo digitalizadas por dia. A expectativa é que, em dois anos, um milhão de livros estejam disponíveis na rede. Só na Universidade de Stanford, nos EUA, um robô digitaliza mil páginas por hora. Contudo, não são somente as obras literárias que passam por esse processo. Todos os demais setores da produção do simbólico, com velocidades diferenciadas, migram para a Internet.

Com isso, o acesso à Internet é cada vez mais uma forma de acesso ao grande acervo do conhecimento e da produção simbólica humana. Ela vai sendo cada vez mais o depositário das infinitas manifestações artísticas e intelectuais não só da atualidade, mas de tudo o que foi anteriormente produzido. Ampliando-se a disponibilidade desses conteúdos, cada vez mais, com instrumentos de busca e recortes adequados, o computador conectado será uma porta para o conhecimento.

É preciso registrar o profundo caráter democratizador que a digitalização do simbólico tem em si.

Em primeiro lugar, por publicizar amplamente toda e qualquer produção. Hoje, de poesia a música, de texto político a um documentário em audiovisual, a Internet se abre para a divulgação de tudo o que é produzido. A garantia de espaço para dar publicidade às opiniões e às produções do imaginário, ainda mais sem restrições de tamanho, constitui-se num marco decisivo numa sociedade complexa que envolve bilhões de seres humanos, repondo a possibilidade de exposição pública.

Até então, na Indústria Cultural, o espaço de publicização estava restrito a poucos de uma mesma classe ou bloco de poder, em especial pelo caráter de empreendimento comercial que caracteriza a mídia. A rede mundial de computadores abre-se para a polifonia social, dando espaços para todas as pessoas, classes, grupos etc. Claro que existe a restrição do acesso, mas isso não tem sido impedimento para que os mais variados segmentos sociais possam desfrutar dessa abertura.

Em segundo lugar, por simplificar e baratear a própria produção em condições inimagináveis em outros tempos. Outrora, gravar um disco era um sonho difícil de ser realizado por uma imensa multidão de músicos. Hoje, qualquer um, com um custo reduzidíssimo, pode gravar seu CD e/ou disponibilizar sua arte através da net.

Os cursos de cinema, até bem pouco tempo atrás, permitiam que só no momento da conclusão seus alunos pudessem experimentar a produção, já que a película era e é bastante cara. Hoje, com câmeras digitais, podem produzir, desde os primeiros momentos do curso, em profusão. E mais: eles mesmos podem editar, possibilitando que atuem em todas as esferas da produção com amplas facilidades.

Os registros da produção e da publicização que fizemos são apenas exemplos simples do potencial magnífico de ampliação da democratização e da inclusão de setores outrora marginalizados da produção simbólica pelos altos custos e pela realidade mesma da estruturação da Indústria Cultural.

Claro que, pelas características de não ser uma mídia dirigida, como é o caso das mídias de massa, esta infinidade de produção pode também se perder sem público. Porém, temos conhecimento de verdadeiros fenômenos produzidos a partir da circulação da net.

Outra característica que vai sendo alterada é a da venda dos bens simbólicos. Os produtos culturais podem ser tangíveis ou intangíveis. A fruição de um filme no cinema ou de um show de música exemplifica a aquisição de um bem intangível do ponto de vista cultural, já que adquirimos o direito de fruição, mas não levamos nada material para casa. Já quando compramos uma revista, um livro, um CD ou DVD, estamos adquirindo um bem cultural tangível, material. No caso dos bens tangíveis, está se operando uma grande alteração. Jornais, revistas, filmes e músicas navegam gratuitamente na rede. Um CD de música que tem um custo elevado no mercado brasileiro pode ser "baixado" gratuitamente pela Internet. Um filme que nem sequer chegou às telas no país já pode ser encontrado na rede mundial.

Tudo isso vai quebrando um modelo de financiamento que havia sido adotado pela Indústria Cultural e vai exigindo que ela busque formas alternativas de conquistar seus gigantescos lucros. Em questão também está a ideia de direitos autorais.

Em especial nos Estados Unidos, existem movimentos fortes das empresas tentando, em vão, barrar esse processo de difusão pela rede mundial de computadores. No entanto, todos os dias surgem novas formas de disponibilizar conteúdos na Internet, conspirando ativamente contra o modelo anterior de financiamento da indústria cultural.

Um exemplo claro desse processo é o do mercado da música. Em formatos como o mp3, circulam na rede todos os lançamentos. Apesar de a Indústria Cultural tentar barrar, já fazem parte do cotidiano os equipamentos como os *mp3 player*, aparelhos de som automotivos e residenciais para este formato de arquivo musical. Nos camelôs é possível comprar a obra completa de qualquer artista num único CD e a preços reduzidíssimos. O mercado buscou a alternativa de DVDs musicais para compensar a perda. No entanto, rapidamente esta alternativa também entrou em colapso porque se popularizam rapidamente os gravadores de DVD.

São incontáveis os exemplos que questionam o modelo de financiamento da Indústria Cultural a partir da digitalização do simbólico e de sua disponibilização na rede. A materialidade de manifestações culturais permanece, mas em termos bastante alterados. O consumidor clássico da comunicação de massa sofre uma metamorfose, pode agir de maneira mais intensa sobre os produtos, editando, escolhendo, reordenando, fazendo colagens, arquivos cruzados, etc.

Sem falar na "personalização" de parte dessas "edições" disponíveis nos *blogs*, criando um espaço inimaginável de recortes culturais existentes e assumidos individualmente ou por pequenos grupos e comunidades.

Importante registrar que, em que pese este processo todo de conversão do simbólico em digital estar em curso, as práticas culturais preexistentes, seus suportes e suas lógicas não estão sendo abandonadas. Elas se alteram, mas permanecem. O processo do digital não é em substituição, é em relação e, às vezes, em reconfiguração.

Assim, a dimensão digital aparece como mais uma alternativa, fortíssima, é verdade, mas não excludente ou destruidora do que a precedeu e que permanece existindo nas diversas dimensões da produção da cultura na sociedade.

Estes aspectos democratizantes estão sendo realizados, mas a partir de conflitos, disputas, impasses advindos da sociedade e que refletem, para além de uma mudança de paradigma dos produtos simbólicos, a disputa da hegemonia numa sociedade complexa.

Não trabalho com a hipótese de que este processo será tranquilo e róseo, independente do social e das disputas. Ele se realiza como mais uma dimensão em que os diferentes projetos de blocos sociais se confrontam.

Capítulo 9
A visão de cibercultura dominante – Pierre Lévy

Reunificação da humanidade

O pensador Pierre Lévy é um dos pesquisadores pioneiros do ciberespaço. Seus trabalhos fazem uma análise antropológica da nova dimensão social, com uma visão otimista e bastante polêmica.

Ele inscreve o surgimento do ciberespaço como um momento decisivo de unificação da humanidade. Registra que a história humana teve um momento de intensa dispersão pelo território. Partindo de uma mesma região geográfica, o homem se dispersou pelos continentes por sua característica nômade. Quando a humanidade se sedentariza, passa a se concentrar, mas com características locais e regionais. O fluxo de unificação teria como marco o período das navegações. Desde então existe um processo de aproximação, de reunificação, só que agora em escala global.

O surgimento do ciberespaço seria o capítulo decisivo dessa unificação da humanidade, pondo em contato os bilhões de cérebros e constituindo o que o autor chama de "hipercórtex", um grande cérebro, arquivo de toda produção e memória humana.

Sugere que vejamos os grandes movimentos históricos de dispersão, ocupação, de contato e unificação, no qual os valores do local e do nacional teriam que ser relegados, para que se pense como seres humanos globais.

Lévy coloca:

> Podemos descrever o fenômeno em curso como a junção e integração progressiva em uma única e imensa colônia de todas as pequenas colônias humanas que haviam crescido por aí (LÉVY, 2001, p. 49).

Dois elementos concorreram para essa conexão planetária: o desenvolvimento dos transportes, que permite que o ser humano se desloque por todo o globo com velocidade e conforto; o desenvolvimento do ciberespaço que permite que toda a produção simbólica esteja disponível para ser acessada a partir de um computador conectado à Internet.

Segundo Lévy:

> A aventura dos computadores e do ciberespaço acompanha a banalização das viagens e do turismo, o desenvolvimento do transporte aéreo, a extensão das rodovias e das linhas de trens de grande velocidade. O telefone celular, o computador portátil, a conexão sem fio com a Internet, em breve generalizados, mostram que o crescimento da mobilidade física é indissociável do aperfeiçoamento das comunicações (LÉVY, 2001, p. 23).

Para descrever a realidade que enseja essa conexão, o pensamento de Lévy propõe que pairemos acima dos conflitos nacionais, étnicos, religiosos, políticos e sociais. Diz que estamos vivendo sob um império não territorial, um império das redes:

> E pouco importa que esse centro esteja lá ou aqui, distribuído ou concentrado, é um centro virtual, um centro de inteligência coletiva. A humanidade encontra-se pela primeira vez em uma situação de quase-unidade política (LÉVY, 2001, p. 24).

Além de assim descrever o novo império, o autor não fecha os olhos para os movimentos que o impulsionam e que o relacionam com o ciberespaço. Faz a defesa clara do capitalismo, do mercado e da ordem mundial que enseja esta nova realidade que ele descreve:

> Tudo converge: a globalização da economia, um mercado que avança cada vez mais profundamente sobre a vida social, o crescimento de uma tecnociência que sempre produz mais conhecimentos e objetos, um espaço de comunicação cada vez mais livre e aberto. Tudo converge para o virtual (LÉVY, 2001, p. 123).

Lévy propõe que sejamos complacentes com a dominação nos termos em que ela se manifesta nos dias atuais e estrutura o processo de globalização:

> Teríamos uma visão mais precisa se considerássemos a dinâmica geral da situação, uma dinâmica na qual a relação de dominação (inegável) se desdobra numa relação de condução a um futuro comum (LÉVY, 2001, p. 31).

E vai além. Propõe que rompamos com a tradição do pensamento crítico e nos lancemos no fluxo e na lógica atual apenas valorizando seus aspectos positivos do futuro.

O ciberespaço

Nova dimensão social, hipercórtex global, hiperdocumento planetário, noosfera. Ao longo da obra de Lévy, o ciberespaço encontra inúmeras definições, mas todas elas procuram dar ênfase de que ele passa a ser o centro vital de toda uma transformação antropológica. Lévy vê o ciberespaço como a conexão de todos, como a comunhão de toda a subjetividade existente. Ainda mais, vê como a nova dimensão de toda a realização da sociedade, de toda e qualquer projeção futura sobre o gênero humano:

> Rede das redes, baseando-se na cooperação "anarquista" de milhares de centros informatizados do mundo, a Internet tornou-se hoje o símbolo do grande meio heterogêneo e transfronteiriço que aqui designamos como ciberespaço (LÉVY, 1998, p. 12).

Dimensão que é apontada como "local" de trabalho, reflexão e sociabilidade. "O atual curso dos acontecimentos, converge para a constituição de um novo meio de comunicação de pensamento e de trabalho para as sociedades humanas" (LÉVY, 1998, p. 11).

O ciberespaço seria a dimensão que possibilita a conexão de todas as qualidades subjetivas, que permite que os bilhões de cérebros sejam meramente considerados como neurônios do grande cérebro universal. As subjetividades teriam, enfim, seu lugar de encontro por excelência.

> O ciberespaço é uma espécie de objetivação ou de simulação da consciência humana global que afeta realmente essa consciência, exatamente como fizeram o fogo, a linguagem, a técnica, a religião, a arte e a escrita, cada etapa integrando as precedentes e levando-as mais longe ao longo de uma progressão de dimensão exponencial (LÉVY, 2001, p. 151).

Esta capacidade de integração de capacidades está no cerne do raciocínio que Lévy desenvolve sobre o ciberespaço. Ela trata o ciberespaço como um grande mar de subjetividade, no qual deságuam todas as criações humanas.

> O computador é, ao mesmo tempo, máquina de ler e máquina de escrever, museu virtual planetário e biblioteca mundial, tela de todas as imagens e máquina de pintar, instrumento de música universal e câmara de eco e metamorfose de todos os sons. Para ele convergem os dados de todas as câmaras, de todos os microfones, de todos os medidores e sensores imagináveis (LÉVY, 2001. p. 146-147).

O virtual

Um conceito essencial para o entendimento do pensamento de Pierre Lévy sobre o ciberespaço é o que é o virtual.

O virtual, que no uso corrente é tratado como ausência de existência e de realidade, para o autor tem um sentido bastante diverso. Para ele o virtual é o que existe como problemática e não em ato. É o que está disponível, mas não realizado.

> Em termos rigorosamente filosóficos, o virtual não se opõe ao real, mas ao atual: virtualidade e atualidade são apenas duas maneiras de ser diferentes (LÉVY, 1996, p. 15).

O virtual é a passagem a uma problemática. É um processo de transformação de um modo de ser num outro. A atualização (resposta dada a partir do virtual) não é uma realização (ocorrência de um estado predefinido), mas sim a invenção de uma solução exigida por um complexo problemático. A atualização dá a resposta a um problema. A atualização não é, portanto, uma destruição, mas, ao contrário, uma produção inventiva, um ato de criação:

> Virtual, no caso, quer dizer integralmente vivo: o mundo pode crescer por aqui ou por ali, na medida em que a atenção se coloca aqui ou ali. O mundo é uma imensa reserva de virtualidades porque nutrimos temores e projetos, porque imaginamos e desejamos (LÉVY, 2001, p. 137).

O virtual seria o não presente, por não pertencer a um espaço designável. Por isso, para o autor, a virtualização reinventa uma cultura nômade, por permitir a todos se desterritorializar.

Assim, o ciberespaço seria por excelência o "lugar" do virtual, do que há de disponível para responder a novas problemáticas. Ou seja, o texto disponível seria apenas uma das imensas alternativas possíveis diante do hipertexto que "flutua" no ciberespaço:

> O estabelecimento de conexão telefônica entre terminais de memórias informatizadas e a extensão de redes digitais de transmissão ampliam, a cada dia, um ciberespaço mundial no qual todo elemento de informação encontra-se em contato virtual com todos e cada um (LÉVY, 1998, p. 11).

Inteligência coletiva

Lévy identifica o ciberespaço não somente como um dos lugares importantes para a mutação antropológica que vivenciamos, mas como seu lugar fundamental:

> As tecnologias intelectuais não se limitam a ocupar um setor entre outros da mutação antropológica contemporânea; elas são potencialmente sua zona crítica, seu lugar político (LÉVY, 1998, p. 15).

Ele considera que o ciberespaço faz parte da evolução do que chama de próteses cognitivas de base digital e que a partir dele será possível renovar o que conhecemos como inteligência.

Segundo seu posicionamento, a visão de inteligência considerada a partir de um coletivo nos remete inevitavelmente a uma comparação com a sociedade dos insetos. Nelas, a inteligência está na lógica geral, enquanto que os indivíduos têm papel opaco e sem criatividade.

A inteligência humana é de outra ordem, ela pulsa dentro da criatividade de cada indivíduo:

> O progresso humano rumo à constituição de novas formas de inteligência coletiva se opõe ao pólo do formigueiro. Esse progresso deve, ao contrário, aprofundar a abertura da consciência individual ao funcionamento da inteligência social e melhorar a integração e a valorização das singularidades criadoras que os indivíduos e os pequenos grupos humanos formam nos processos cognitivos e afetivos de inteligência coletiva (LÉVY, 1996, p. 112).

Claro que cada ser humano busca se apropriar da inteligência do grupo (memória e desenvolvimento atual) para constituir e impulsionar sua própria inteligência, que devolverá ao grupo como contribuição.

Segundo o autor, durante longo período o que imperou foi a existência de coletivos inteligentes, que possibilitaram de maneira apartada o desenvolvimento de nosso conhecimento e de novas técnicas. No entanto, com a emergência do ciberespaço e com a aceleração dos processos, passou a existir uma demanda de maior integração, coordenação e sinergia das inteligências: a constituição de uma inteligência coletiva, viabilizada pela interconexão de grupos e indivíduos que colocam suas capacidades intelectuais à disposição.

Passaríamos da existência de coletivos inteligentes para a realidade de uma inteligência coletiva construída amplamente através da rede e de pontos distantes, porém conectados e atuantes. O autor aponta na inteligência coletiva as qualidades positivas potenciais do ciberespaço. Através das inteligências conectadas de milhares, milhões de seres, a capacidade humana de criar ganharia dimensões inimagináveis, já que as inteligências se potencializariam.

Assim Lévy define a inteligência coletiva:

> É uma inteligência distribuída por toda parte, incessantemente valorizada, coordenada em tempo real, que resulta em uma mobilização efetiva das competências (LÉVY, 1998, p. 28).

A base e o objetivo da inteligência coletiva seriam o reconhecimento e o enriquecimento mútuos das pessoas, apontando assim que o benefício da inteligência coletiva seria também coletivizado.

No essencial, ele propõe o que chama "pensar juntos" *on-line*, via ciberespaço, e assim superar os entraves que individualmente levaríamos mais tempo e teríamos mais dificuldades para superar.

Comunicação todos-todos

O pensador Pierre Lévy é um crítico da comunicação de massa como foi conhecida ao longo do século passado e como se realiza ainda hoje. O centro de sua crítica está justamente no caráter unilateral da comunicação realizada, por considerar que o modelo de comunicação de massa é o da comunicação um-todos, ou seja, um centro emissor comunicando com milhares ou milhões de pessoas.

Sua crítica é ácida e em vários aspectos aproxima-se da crítica realizada por outras correntes teóricas:

> Como se sabe, os meios de comunicação clássicos (relacionamento um-todos) instauram uma separação nítida entre centros emissores e receptores passivos e isolados uns dos outros. As mensagens difundidas pelo centro realizam uma forma grosseira de unificação cognitiva do coletivo ao instaurarem um contexto comum (LÉVY, 1996, p. 113).

O autor considera que esta comunicação se dá pelo processo de imposição e não do diálogo entre os participantes, desconsiderando os contextos diversos e a possibilidade de interação e de negociação. Assim, repete a crítica clássica aos meios de comunicação de massa de que promovem comunicação de mão única:

Todavia este contexto é imposto, transcendente, não resulta da atividade dos participantes no dispositivo, não pode ser negociado transversalmente entre os receptores (LÉVY, 1996, p. 113).

Lévy reconhece o papel que as mídias tradicionais cumpriram na organização do conhecimento e da informação, mas declara que a forma utilizada era tacanha e centralizada, não permitindo uma ação mais coletiva. Aqui trabalha abertamente com correntes teóricas anteriores que promovem a crítica ácida e contundente da Indústria Cultural:

> Como foi observado bem cedo – desde os anos 40 – pela Escola de Frankfurt (Adorno), e depois analisado pelos situacionistas (Debord e Vanheigem) nos anos 60, as indústrias culturais, o "espetáculo" ou as "mídias" concebem, fabricam e vendem diretamente "conteúdos de consciência". O espectador de um filme, por exemplo, vê seu cérebro diretamente manipulado pelo realizador (LÉVY, 2001, p. 109).

O autor trabalhará este conceito de consciência pré-fabricada como uma referência do que acontece na Indústria Cultural. Para ele, o que ocorre é que existe um "comércio" deste estado de consciência pré-fabricado que não fica no âmbito da produção, mas segue a cadeia de negociação com publicitários e grandes empresas, realizando o que ele chama de "venda de estados de consciência pré-fabricados".

Para substituir este modelo ultrapassado e limitado, propõe a comunicação que se realiza no ciberespaço no modelo todos-todos. Afirma que o ciberespaço tem o potencial para desenvolver esse tipo de comunicação. Mas que também corre o risco de ser mero espelho do que ocorre hoje na Indústria Cultural.

A alternativa que apresenta e defende é a de realizar uma comunicação todos-todos, na qual a referência de emissor e receptor seja atenuada, já que existe a troca, a interação, o diálogo. Ressalta que isso possibilita a multiplicação de pautas e temáticas tratadas, além da interatividade para sua definição:

> No ciberespaço, em troca, cada um é potencialmente emissor e receptor num espaço qualitativamente diferenciado, não fixo, disposto pelos participantes, explorável (LÉVY, 1996, p. 113).

Apresenta como espaço de referência dessa comunicação os *chats*, as salas de bate-papo, as teleconferências e as inúmeras possibilidades que estão disponíveis no ciberespaço.

Ao comparar a mídia atual com as possibilidades do computador, o autor é inequívoco na sua opção:

> Um aparelho de televisão é um receptor passivo, uma extremidade da rede, uma periferia. Um computador é uma ferramenta de troca, de produção, de estocagem de informação (LÉVY, 2001, p. 29).

Portanto, o que se busca na visão do autor é a superação de um modelo comunicacional que teve seu papel e sua importância, mas que era prenhe de limites, por um modelo que permite romper a ideia estática de emissor/receptor, propondo uma comunicação em que todos possam interagir, trocar, intervir, comunicar.

Sociologia do amor

Não existe na obra do autor um processo de definição mais clara de sua visão sociológica. Nos primeiros textos víamos uma concepção em que cabiam alguns aspectos críticos em relação ao modelo de sociedade em que vivemos.

Porém, ao longo de sua obra, esses aspectos críticos foram sendo abandonados e foi-se configurando uma visão mais homogênea de seu pensamento social. Esse abandono de visão crítica é justificado pelo próprio autor:

> A atitude crítica se voltou para o passado. Ela produz uma consciência cada vez mais esquizofrênica e infeliz, pois cada um de nós, à sua maneira, participa ativamente desse movimento denunciado (LÉVY, 2001, p. 57).

Afirma que a crítica filosófica nos séculos XVII, XVIII e XIX era orientada para o futuro, contra o conservadorismo. Esse processo não é o que se realiza agora.

Assim, o autor propõe que não fiquemos a nos posicionar contra ou a favor em relação ao que acontece, mas que procuremos extrair o máximo possível do que vai acontecendo.

Lévy coloca como uma tendência irreversível o processo liberal em curso e a lógica atual do capitalismo. Por isso, afirma que criticá-la é tolice, que o que se faz necessário é dar-lhe sentido.

Essa posição intelectual ele propõe que seja levada ao cotidiano das pessoas. Propõe que elas, ao invés de criticarem os limites do seu salário, de sua condição, que mudem de trabalho, de país.

Se não estamos contentes com a empresa que nos emprega – melhor do que se reivindicássemos – partimos para outro lugar (LÉVY, 2001, p. 38).

Em vez da crítica, o engajamento no processo irreversível de globalização nos termos atuais. Em vez da reivindicação, a mudança de trabalho, família, país. O autor propõe a adesão à aventura da consciência planetária, da confederação planetária.

Aos intelectuais que criticam esse seu posicionamento, o autor responde asperamente, afirmando que "é precisamente porque não participam plenamente das correntes mais vivas do universo contemporâneo que certos grupos humanos sofrem mais que os outros".

Para Lévy a dimensão da economia é, antes de mais nada, espiritual. "A economia não é a 'base material' da sociedade. Não há 'base material', mas, antes, uma 'base espiritual'", e afirma: "As classes sociais não existem, senão no reino da concupisciência" (LÉVY, 2001, p. 159).

Como desdobramento, o autor faz elogios aos "aspectos positivos do comércio, da especulação e, também, do fato de que *tudo* se torna objeto de negócios".

Quanto ao capitalismo, restam elogios à sua capacidade dinâmica de promover a conexão das pessoas, relações contratuais, de impulsionar a integração. O autor defende o modelo e afirma que as críticas a ele existentes são baseadas na "desastrosa crença na culpa da economia (ou do capitalismo, ou da globalização, ou do imperialismo norte-americano-neoliberal)".

E é esse modelo que a "competição cultural", a seleção natural das civilizações escolheu! Estranho! Incrível! (LÉVY, 2001, p. 73).

O posicionamento dele é o de que existe uma obsessão por acharmos culpados pelo sofrimento, pela pobreza, pela injustiça. Segundo Lévy, "o problema essencial não é saber 'quem domina quem', mas quando e como a consciência humana se amplia".

E sua conclusão, sua "crença epistemológica", é que necessitamos substituir a crítica por sentimentos, por felicidade, por amor. "O mundo não precisa de crítica, o mundo precisa de amor. É somente quando amamos o mundo que ele se rende a nós e nos entrega seu sentido", e completa: "Só há uma coisa a fazer pelos pobres: é preciso amá-los, assim como aos outros, como o pobre que sofre no mais íntimo de nós mesmos" (LÉVY, 2001, p. 158).

Problematizando os conceitos básicos de Lévy

É indiscutível que Lévy dá importantes contribuições para o pensamento sobre o ciberespaço, por sua originalidade e por auxiliar a desvendar traços fundamentais do seu funcionamento.

No entanto, parece-nos que existe certa unilateralidade, certa absolutização do ciberespaço e de seu papel na sociedade contemporânea e em sua perspectiva.

Isso se manifesta claramente na visão de Lévy de que o ciberespaço levará a uma "reunificação da humanidade", transpondo as barreiras geográficas, históricas, culturais e de classe. Apesar de os grandes movimentos de dispersão e de aglutinação por ele apontado terem acontecido de fato, a maneira posta tende para uma explicação que naturaliza esse movimento, que o inscreve como independente dos conflitos e dos percalços históricos.

Nessa concepção está embutida uma ideia de que existe um movimento determinado, independente dos homens, dos conflitos sociais, das opções de solução históricas, que está a se realizar. Um movimento que se compararia à expansão e contração do cosmos, mas em termos sociais, na dispersão e na integração social. Que movimento é esse? Que forças o alimentam? Qual o papel do homem e da tecnologia nesse processo?

Ao responder a essas questões, Lévy nos remete a uma visão messiânica do social. Pare ele esse movimento seria algo latente, natural, determinado. Humanidade e tecnologia aparecem nesse raciocínio como meros instrumentos dessa conexão planetária que não tem explicitado objetivos nítidos, senão elementos que podem até se confundir com profecias do próprio autor.

Diante dessa visão, Lévy nos propõe uma aceitação integral desse movimento, sem questionamento, sem interferências, reconhecendo que nosso papel é o de meros expectadores de um processo que acontece independente e apesar de nós. Ou melhor, a nós restaria simplesmente a possibilidade de dar sentido a esse processo sem questioná-lo. Pior do que isso, ele procura responsabilizar quem diverge, quem pensa diferente dos resultados que o movimento real produz:

> Pintando a realidade de maneira mais sombria (como muitas mídias o fazem), organizando a recusa ao movimento real, fabricando uma consciência esquizofrênica que odeia o mundo que a alimenta e que habita, esses intelectuais não

ajudam as pessoas às quais eles se dirigem: contribuem para desencaminhá-las (LÉVY, 2001, p. 58).

Tudo isso partindo de uma crença de que o resultante será positivo para a sociedade como um todo e para o desenvolvimento dos indivíduos. Porém, o movimento geral que está a se realizar não aponta objetivamente nesse sentido, aliás, revela direção oposta, aprofundando problemas sociais, conflitos e disputas, lançando à margem do processo milhões de seres humanos, regiões inteiras do globo, culturas e histórias. Contudo, o autor aponta isso como um processo natural, quase um darwinismo social e tecnológico que irá aprimorar a vida no planeta.

Assim, não vê os conflitos sociais como elementos impulsionadores e decisivos das soluções e perspectivas dos processos em curso, mas como meros coadjuvantes de uma força maior, com sentido já determinado, que irá configurar um futuro melhor.

Visto dessa forma, ele aponta que os conflitos representam retardamento do processo e, portanto, deveríamos evitá-lo, reservando-nos a condição de observadores e impulsionadores desse movimento predeterminado:

> Não importa o que pensemos, que sejamos contra ou a favor, devemos admitir que a maior parte dos indícios de que dispomos apontam para um futuro cada vez mais marcado pelo mercado capitalista, a ciência e a técnica (LÉVY, 2001, p. 57).

No entanto, essa passividade, se vista diante de outra perspectiva de sociedade mais conflitiva e disputada, é um elemento que interessa sobremaneira às forças hegemônicas do processo de globalização. Ao fim e ao cabo, se vista dentro dessa perspectiva, o trabalho de Lévy, em especial os mais recentes, são verdadeiras odes à dominação e à hegemonização, em especial da cultura e do modelo político-econômico que emana do centro do império capitalista mundial que são os EUA:

> O império mundial sob a dominação norte-americana mais ou menos branda – hoje em vias de consolidação – logo não terá mais nenhum rival. Mas não serão os Estados Unidos, serão os Estados Unidos-mundo, uma terra integralmente povoada por imigrantes, nômades culturais (LÉVY, 2001, p. 56).

O próprio autor não esconde sua admiração pelo império e seu apoio praticamente irrestrito à cultura que dele emana. Quando se aventura por observações econômicas, como no caso do capítulo A economia virtual, no livro *A conexão planetária*, percebemos o quanto o neoliberalismo e a ideia de que o mercado está a impulsionar o desenvolvimento humano o anima. Chega mesmo a ser crítico ao impulso ainda limitado de monopolização, aspirando algo ainda mais concentrado: "Para cada tipo de serviço (serviços aos consumidores finais e, ainda mais, às empresas), não haverá mais do que dois ou três vendedores mundiais" (LÉVY, 2001, p. 53).

Revela ainda o que dá sentido efetivo ao processo de unificação que tanto apregoa: o mercado "...– a unidade concreta da humanidade – está se realizando pelo comércio" (LÉVY, 2001, p. 54).

A rejeição da crítica

Outro aspecto polêmico do pensador francês é a visão de que a crítica não cabe mais e de que o atual curso das coisas é irreversível ou inalterável. O processo de análise e de crítica realizado no âmbito da sociedade parte de um pressuposto de que a história, em que pesem condicionantes objetivos, é também uma construção da ação consciente do ser humano e que, portanto, ele não pode e não deve ser mero espectador. Contudo, a visão de Lévy revela uma concepção inversa, afirmando que a ação humana deve somente se dar no curso predeterminado pela técnica ou por um movimento histórico mais geral.

Pior: ele não vê possibilidade alguma de reversibilidade do processo: "Uma vez que constatamos isso, uma escolha se abre para nós: ou denunciar e criticar essa tendência irreversível ou tentar compreendê-la e dar-lhe sentido" (LÉVY, 2001, p. 57).

Como não vê possibilidade de reversão, o autor dirige acusações à crítica do processo em curso e procura colocar nela a responsabilidade por ressentimentos e ódios causados pela exclusão, pela crise social.

> Em contrapartida, a maior parte da "crítica" contemporânea da globalização capitalista, da cibercultura ou da tecnociência, infelizmente, trabalha mais para ampliar o ressentimento e o ódio do que para promover uma visão positiva do futuro. É justamente o movimento irreversível em direção ao futuro – a tendência efetivamente em curso – que ela condena (LÉVY, 2001, p. 53).

Sua visão de que a dominação atual é negativa, mas vai nos conduzir a um futuro comum positivo não passa de profissão de fé ou uma tergiversação em relação às possibilidades sombrias que podem advir dessa dominação. Está a serviço, na prática, das ideias e dos modelos dominantes a partir do império norte-americano e do pensamento neoliberal.

Sociologia do amor e credo epistemológico

É preciso polemizar com o credo epistemológico do autor, com sua sociologia do amor. Porque ela, apesar de conter até um viés poético, não passa exatamente de crença, de uma visão rósea do que é a sociedade e os conflitos nela existentes.

Ao subestimar os conflitos, ao pensar que a mera pregação de valores humanos e morais serão suficientes para que a sociedade seja mais justa, o autor acaba por somar-se aos que, na prática, fazem-na mais injusta e desigual. Isso porque seu credo não apela à participação e à análise crítica, mas busca meramente no emocional o sentido.

Por isso, em suas produções mais recentes, é difícil separar o que é pensamento social com esforço científico, do que é profecia, poesia, manifesto espiritual.

A visão de cultura

Foi difícil identificar um único conceito explícito com o qual o autor defina cultura. Em passagens de seu trabalho aparecem definições distintas. Numa delas, ele apresenta de maneira concreta a questão da cultura como a "dinâmica das representações", sem aprofundar essa definição.

> Mas, a distinção traçada entre cultura (dinâmica das representações), sociedade (as pessoas, seus laços, suas trocas, suas relações de força) e técnica (artefatos eficazes) só pode ser conceitual (LÉVY, 1999, p. 22).

Parece-nos que, ao afirmar a totalidade do real, ele a utilizou para negar as operações conceituais que utilizamos para conhecer melhor a realidade. Assim, às dimensões analíticas que usamos, ele responde com a totalidade, no fundo, negando que haja possibilidade de alguma especificidade de trato no conhecimento.

Em outro momento, o autor define cultura como sendo "uma fusão de mundos", procurando registrar que a cultura é fruto de um impulso permanente do ser humano de inventar, imaginar, participar da criação. Lévy propõe que vejamos cultura com a distinção de dois aspectos fundamentais da tradição: cultura identitária e cultura de linhagem.

> O primeiro aspecto, a cultura identitária, aponta essencialmente para a reprodução, de maneira idêntica, de certas formas de vidas, com suas dimensões estética, linguística, técnica, econômica, demográfica e outras (LÉVY, 2001, p. 156).

Nesse aspecto, ele procura ressaltar a questão da identidade como papéis definidos pela tradição do grupo dentro dos quais foi criado o sujeito. Isso porque ele afirma a necessidade de sermos produzidos e reproduzidos como seres humanos dentro de uma cultura.

No entanto, para Lévy, o aspecto identitário é limitador por nos fechar para a alteridade de fora de nosso grupo, de nossa língua, de nosso país. Ele propõe que, depois de termos fincado nossas raízes localmente, que evoluamos para um planeta mais interligado, numa relação mais aberta para outros humanos que foram produzidos em culturas e línguas específicas em outros momentos, mas que agora podem se encontrar num processo novo de metamorfoses das maneiras de ser e de fazer sociedade, que, segundo ele, caracterizam a nova fase do devir humano. "Iremos nos encontrar diante de escolhas cada vez mais vastas de 'tribos', de linhagens, de estilos de vida aos quais poderemos decidir se integrar ou não" (LÉVY, 2001, p. 127).

Nesse sentido ele propõe claramente a superação da cultura identitária, pois ela leva a impasses, a fechamentos, ao estranhamento do outro, do diferente.

> É necessário lembrar aqui as absurdas guerras de religiões, as guerras étnicas, as guerras raciais, as guerras nacionais, as guerras imperiais, as guerras civis, ideológicas, sociais e regionais, os genocídios, os etnocídios, todas as horríveis guerras que fizeram a triste situação do século XX, da qual muitos dentre nós carregam ainda os ferimentos em seus corpos e almas. O que resta de todas essas guerras? Quando vamos aprender que somos destruídos por aquilo que imaginamos que nos separa? (LÉVY, 2001, p. 128).

O segundo aspecto que ele analisa da cultura é a linhagem. Para ele, diferentemente da cultura identitária, a linhagem tem uma marca distintiva por ser *potencialmente universal*:

> Uma linhagem é uma inteligência coletiva que se desdobra no tempo. Ela nasce geralmente em simbiose com uma cultura identitária ou no cruzamento de várias delas, pois ela se reproduz se reinventando, atravessando várias culturas, várias épocas (LÉVY, 2001, p. 128-129).

Na visão de Lévy, as linhagens devem ser impulsionadas, desenvolvidas, pois elas são transculturais e podem atravessar todas as fronteiras.

Como exemplos de linhagens, o autor cita, entre outros, o Cristianismo, o Judaísmo, o Budismo, assim como a música de Beethoven ou Verdi.

Com essa visão de dois aspectos diferenciados da cultura, o autor propõe o desenvolvimento das linhagens, essa inteligência coletiva dos tempos, em detrimento das culturas identitárias, que são precisamente a parte mortal da cultura.

É preciso registrar que o autor faz uma crítica ácida à chamada cultura da Modernidade, por seus aspectos identitários e que aponta que o surgimento da cibercultura abre outras perspectivas, uma cultura que será uma ruptura com as visões estáticas, restritivas, atrasadas da cultura anterior. O autor vê na cibercultura a configuração de uma nova cultura não somente no ambiente do ciberespaço, mas como elemento que vai modificar toda a cultura da sociedade.

A cibercultura

Sua visão está voltada para o importante papel que a cibercultura tem na reconfiguração cultural em curso no planeta. Por esse papel decisivo, seu esforço teórico se volta para identificar os traços fundamentais dessa cultura que estaria formatando a cultura geral.

Assim, uma primeira visão apresentada pelo autor é exatamente a de que a cultura geral está sendo profundamente alterada a partir da cultura específica do ciberespaço, num movimento claro de generalização dos traços específicos para a configuração do todo.

Por isso, sobram de sua parte as críticas e visões céticas sobre a cultura preexistente ao ciberespaço. Cultura que, segundo ele, apesar das distorções e de valores completamente superados, teve como virtude importante gerar a nova dimensão de renovação social: o ciberespaço.

Portanto, apesar de não apresentar como relação de determinação, o autor define a cibercultura como a referência que estaria a formatar a cultura contemporânea. Esse processo é apresentado como verdadeira revolução de valores e de visão de mundo, comparável ao surgimento da escrita ou até mesmo mais importante. Ele caracteriza esse processo como "mutação antropológica" em curso. Para melhor entender sua visão, é importante analisarmos como ele conceitua cibercultura e seus traços principais.

Como cibercultura, ele identifica todo o processo de mutação de formas de trabalhar, relacionar-se, de ter sociabilidade, realizada a partir da existência do ciberespaço e de suas características novas. Para ele, a essência da cibercultura é "o universal sem totalidade", que ele caracteriza da seguinte forma:

> Quanto mais o ciberespaço se amplia, mais ele se torna "universal", e menos o mundo informacional se torna totalizável. O universal da cibercultura não possui nem centro, nem linha diretriz. É vazio, sem conteúdo particular (LÉVY, 1999, p. 111).

Nesse sentido, ele vê a cibercultura como universo indeterminado, pois a cada novo nó de acesso crescem as possibilidades de indeterminação, de alteração, de mudança do curso do que está disponível e do que está a se renovar.

> Essa universalidade desprovida de significado central, esse sistema de desordem, essa transparência labiríntica, chamo-a de "universal sem totalidade". Constitui a essência paradoxal da cibercultura (LÉVY, 1999, p. 111).

No entanto, logo em seguida o autor registra uma característica que contradiz, em certa medida, essa eterna abertura para a diferença e a multiplicidade de formas. Ele afirma esta característica quando trata dos sistemas operacionais, mas a afirma como uma tendência geral:

> De fato, o ciberespaço funciona como alguns sistemas ecológicos: a longo prazo, um determinado "nicho" não pode acolher um número muito grande de espécies concorrentes. A variedade inicial desaparece em proveito de algumas formas de vida dominantes (LÉVY, 1999, p. 112).

Essa visão não aparece somente nesse trecho. Em outra obra, essa visão de que é de se esperar e até de se desejar que determinadas formas e forças preponderem volta a aparecer quando ele afirma a necessidade de estabelecer verdadeiros monopólios globais nos setores de serviços.

Mas o centro de sua argumentação está claramente no aspecto de universalidade da cibercultura. Sua visão é bastante otimista quanto a isso:

> Quaisquer que sejam seus avatares no futuro, podemos dizer que todos os elementos do ciberespaço continuarão progredindo rumo à integração, à interconexão, ao estabelecimento de sistemas cada vez mais interdependentes, universais e "transparentes" (LÉVY, 1999, p. 113).

Ele avalia que a cibercultura, além de ser sistematizante e universalizante em si, oferece infraestrutura para que esse processo se dê em segundo plano também em outros fenômenos tecnossociais como: finanças, comércio, pesquisa científica, mídias, transportes, produção industrial etc.

Melhor ainda, assegura a condição de possibilidade de uma progressão na universalização e coerência funcional, organizacional e operacional dos outros sistemas (LÉVY, 1999, p. 113).

Lévy segue seu raciocínio de universal sem totalidade, afirmando que tanto a escrita quanto as mídias de massa se constituíram em universais totalizantes, pois trabalhavam com a pretensão de totalização.

As mídias de massa: imprensa, rádio, cinema, televisão, ao menos em sua configuração clássica, dão continuidade à linhagem cultural do universal totalizante iniciado pela escrita. Uma vez que a mensagem midiática será lida, ouvida, vista por milhares ou milhões de pessoas dispersas, ela é composta de forma a encontrar "o denominador comum" mental de seus destinatários. Ela visa os receptores no mínimo de sua capacidade interpretativa (LÉVY, 1999, p. 127).

Seus argumentos se voltam principalmente contra a ideia de que se pode haver processo totalizante na nova realidade. A integração representaria a impossibilidade de totalização pela multiplicidade.

Partindo dessa visão, vai definir três princípios fundamentais da cibercultura, a saber: a interconexão, as comunidades virtuais e a inteligência coletiva. Ele apresenta esses princípios que se relacionam e que se alimentam como impulsionadores da cibercultura.

A questão da interconexão vai ser apresentada como uma pulsão para a conexão. "Para a cibercultura, a conexão é sempre preferível ao isolamento. A conexão é um bem em si" (LÉVY, 1999, p. 127).

Ele afirma que essa pulsão para a conexão está alterando a física da comunicação, passando das noções de canal e de rede a uma sensação de espaço envolvente.

O segundo princípio, as comunidades virtuais, é apresentado como um elemento de renovação de sociabilidade, de potencialização da ligação entre as pessoas, independente de sua localização, origem, crença, raça, opção sexual etc.

O autor destaca positivamente essa nova forma de sociabilidade, orientada essencialmente pela identificação de interesses, que é o vetor de encontro e de desenvolvimento dessas comunidades.

Polemiza com a visão de que as comunidades virtuais estariam a substituir as comunidades reais. Segundo ele, as pessoas que fazem parte de comunidades virtuais têm vida social tão ou mais intensa que as pessoas que não se conectam via ciberespaço. "O desenvolvimento das comunidades virtuais acompanha, em geral, contatos e interações de todos os tipos" (LÉVY, 1999, p. 129).

Sobre a inteligência coletiva, cabe ressaltar que, na visão de Lévy, "o terceiro princípio da cibercultura, o da inteligência coletiva, seria sua perspectiva espiritual, sua finalidade última" (LÉVY, 1999, p. 131).

Segundo o autor, apesar de não constituírem elementos de um programa político ou cultural clássico, eles são movidos por dois valores decisivos. "E ainda assim, todos os três talvez sejam secretamente movidos por dois 'valores' essenciais: a autonomia e a abertura para a alteridade" (LÉVY, 1999, p. 132).

Esses três princípios e seus valores conformam a matriz do que Lévy designa como cibercultura. Para ele, o programa da cibercultura é universal sem totalidade.

Lévy questiona também a visão de real. Para ele o real se altera a partir do imaginário, a partir das formas de ver e viver. A dimensão de real seria mera subjetividade. "Você acredita que o mundo seja *real*? Sabemos que o morcego, a baleia e o humano não vivem exatamente no mesmo mundo" (LÉVY, 2001, p. 137).

Ao lado de sua visão subjetiva da cultura e do real, o autor vai afirmar que toda a história cósmica é criação e que a história tem um rumo claramente discernível, o de um processo continuado do caráter virtual do mundo. "A evolução cósmica e cultural culmina hoje no mundo virtual do ciberespaço" (LÉVY, 2001, p. 139).

Na sua visão, a cibercultura é cada vez mais toda a cultura, já que tudo se direciona para ela. A ideia de que toda a subjetividade, toda a produção intelectual a ela se dirige faz com que ele veja a cibercultura como a cultura do novo tempo.

> Observemos esse processo quase embriogênico: a aparição de um hiperdocumento produzido e lido virtualmente por todos, a emergência de um metatexto que contém potencialmente todas as mensagens e os entretecidos (LÉVY, 2001, p. 140).

Outro traço que ele ressalta como inovador é o de que quem ocupa mais espaço na Internet não tira espaço de ninguém, pois não se trata de território limitado. Nela cabem todas as culturas, todas as singularidades, indefinidamente.

A cibercultura e o ciberespaço seriam um marco na evolução da própria consciência humana, que agora se veria conectada completamente num único espaço virtual.

> O computador (ou o ciberespaço) faz a consciência humana passar a um nível superior, isto é, permite-lhe entrar em contato consigo mesma e se unificar – aqui e agora – na escala da espécie (LÉVY, 2001, p. 147-148).

Por último, registrar que Lévy avalia que as formas de produção artística e cultural vão subsistir em seus formatos, mas a divulgação e a fruição delas terão cada vez mais o ciberespaço como lugar, como espaço de exposição e de consumo.

> A maior parte dos modos de transmissão da cultura manterá um caráter concreto, físico, materialmente situado. Mas uma parte crescente da atividade de transmissão e de recepção da cultura passará por esse lugar único para onde todos os meios convergem, interagem e convocam o espaço universal da cultura (LÉVY, 2001, p. 149).

Problematizando a visão de cibercultura

A apologia que Lévy faz da cibercultura acaba nublando bastante sua visão mais geral de cultura como conceito; porém, como vimos, em variados momentos ele expressa sua opinião, mesmo que seja de passagem, sobre o que constitui a especificidade da cultura.

De início, fica claro que o autor trata a cultura a partir da cibercultura e não o inverso. Ou seja, ele tem como parâmetro e referência para analisar o "todo" a especificidade da parte. Essa operação teórica sinaliza além de uma visão obviamente crítica que ele tem em relação à cultura pré-ciberespaço, mas também uma visão da cibercultura como uma nova cultura que vai reformulando todas as dimensões preexistentes do cultural.

A cultura idealista de Lévy

As definições encontradas e apresentadas de Lévy sobre cultura pecam por uma extrema subjetividade e por parcialidades apropriadas para interesses específicos de sua construção teórica.

A ideia de cultura como "dinâmica das representações" apresentada pelo autor revela uma visão em que a cultura perde sua dimensão material e cotidiana e a localiza numa esfera representacional. Tem a qualidade de vê-la como processo, como dinâmica, mas restringe seu campo de observação. Claro que se poderia afirmar que na sociedade humana todos os aspectos culturais são representações, mas essa definição feita por Lévy, dentro de seu contexto teórico, acaba por excluir as relações que as pessoas estabelecem entre si e o papel das técnicas na sociedade.

A segunda definição que registramos de cultura como "fusão de mundos" é bastante ampla, remete-nos à questão da identidade e da alteridade, mas não tem fronteira concreta nem valor analítico preciso. Aparece como termo poético mais do que conceito útil para definir a especificidade do cultural, mesmo partindo das observações que já fizemos de que a ideia de cultura tem definições bastante diferenciadas.

A visão de cultura de Lévy parte da ideia de eliminação do conflito, de uma profissão de fé em determinada harmonia que está sendo gerada por uma força preestabelecida e imutável. É uma visão neopositivista, rósea e de um otimismo sem base real. Pois o âmbito da cultura é o espaço de manifestação das contradições, das disputas pela hegemonia, dos conflitos que acabam por mover a sociedade.

Na visão de Lévy, há uma força externa, determinada e com rumo definido; na visão dos Estudos Culturais, existe a cultura como arena da disputa, da construção do devir social, da luta de ideias e da possibilidade de definição de hegemonias que definirão como será o social.

Para Lévy, as técnicas e as ações humanas simplesmente são instrumentos de um roteiro preestabelecido, de um movimento de conexão planetária, de um projeto de unificação. No entanto, a realidade aponta para um processo mais contraditório, menos estabelecido, menos definido e definitivo.

Interessante registrar que em sua crítica ao pensamento moderno ele destaque a visão de um projeto totalizante que não tinha como se realizar. Todavia, o projeto que ele registra agora é exatamente de uma totalização sem conflito, sem o papel do social.

A dimensão do cotidiano se perde em favor de movimentos gerais, por cima ou por fora da sociedade, movimentos que oferecem aos seres humanos somente a possibilidade de aceitação ou de recusa ineficaz.

Cultura nele é vista como um movimento genérico, não tendo atores concretos, classes, grupos, nações. Uma cultura da humanidade. Contudo, a grande crítica que se faz à Modernidade é exatamente ter soterrado o cotidiano, o ser humano concreto, e ter criado um ser humano genérico, operação que volta com força na leitura feita pelo autor.

Sua busca de universalismo nada tem a ver com a generalização de direitos para as especificidades e as diferenças, no entanto, no fundo revela uma visão de ecologia da sociedade, de darwinismo social.

Se rememorarmos uma definição dos Estudos Culturais: cultura como complexo conflitivo de valores, costumes, crenças e práticas que constituem o modo de vida de um grupo específico, classe ou nação, incluindo os usos que fazem das técnicas, veremos que a propositura de Pierre Lévy se inscreve essencialmente numa concepção idealista de cultura, enquanto buscamos analisá-la com base na realidade, no cotidiano, nas práticas e suas significações.

Uma concepção busca a crença, a outra o entendimento, por mais complexo e difícil que ele seja. Uma concepção vê o social como a realização de um projeto preestabelecido, a outra busca, a partir da realidade e do conflito social, descortinar caminhos e buscar incentivar o ser humano como ator da trama.

Lévy trabalha o tempo todo com a deontologia do social e, ao fazer isso, subestima completamente as configurações históricas, suas potencialidades, seus limites. Subestima também a própria ontologia do social, sua forma de existir e se desenvolver.

Sua proposição de analisar a cultura a partir de duas linhas: identitária e de linhagem merece uma leitura mais aprofundada, pois parte exatamente da visão idealista exposta.

Toda cultura parte da identidade/diferença para se constituir. Se realizarmos uma análise histórica, verificaremos que a cultura identitária tão atacada por Pierre Lévy foi, na prática, a única existente, com suas qualidades e limitações. A identidade de grupo, classe, nação foi responsável pela coesão e pelo desenvolvimento da sociedade até os dias atuais.

Claro que existem níveis distintos de abertura das culturas identitárias em relação à alteridade e à diferença. Umas levam ao isolamento, ao fechamento, à ideia de exclusão e extinção do outro, do diferente. E existem outras que se abrem, sem perder suas especificidades, seus modos de vida e seus valores, para dialogar, hibridizar-se com outras tantas culturas.

A apologia à ausência de cultura identitária tem operado não como espaço de abertura para a pluralidade, mas como abertura de espaço para uma cultura hegemônica advinda do centro mais forte do capitalismo contemporâneo.

Lévy faz uma análise que nos parece inadequada da questão indentitária, que acaba por reduzir sua importância e sua abrangência: "Se conservarmos dela apenas o aspecto identitário, uma cultura não é, então, nada além do que um grupo de pessoas que se imitam" (LÉVY, 2001, p. 128).

Ora, não podemos nem devemos nunca reduzir a cultura à imitação, primeiro porque, se assim fosse, a cultura identitária teria atrofiado o desenvolvimento social, e assim não ocorreu. Uma cultura identitária é sempre um processo também, processo conflitivo e de mudança permanente. Não podemos e não devemos ver identidade como algo estático, uno e isolado, mas como produto de processos históricos dados, de tramas e conflitos, de práticas e valores.

A pergunta a se fazer é: existimos fora das identidades? Não, existimos a partir delas e através delas. Elas não nos dividem, elas nos diferenciam. Elas podem não nos opor, mas nos unir na diversidade. A questão, portanto, não seria a cultura identitária em si, mas níveis de abertura dessas culturas para a alteridade, para a diferença, para o outro. Alguns usam o termo "tolerância", mas me parece inadequado, por representar um esforço, quase uma dor. Não se tratar de tolerar o outro, mas de entendermos que as pessoas nascem, crescem e se desenvolvem com visões e concepções distintas. Não devemos vê-las como melhores ou piores, mas diferentes.

Mas Lévy credita às culturas identitárias todas as guerras e coisas horríveis que ocorreram ao longo do século. No fundo, condena a própria história. Ele mesmo acaba por assumir isso, quando diz que a única coisa efetivamente positiva que a Modernidade produziu foi o ciberespaço.

Contudo, ele acaba sendo contraditório quando, para exemplificar a tradição das chamadas linhagens culturais e sua abertura, cita o Cristianismo e o Judaísmo.

Se analisarmos historicamente, algumas religiões pouco tiveram de abertura, de aceitação da diferença.

Assim, não se sustentam os exemplos de cultura de linhagem como positivos em detrimento das culturas identitárias, como propõe o autor. Na visão de Lévy, o que é distintivo entre a cultura de linhagem e a cultura identitária é que o objeto da primeira é *potencialmente universal*. Ou seja, são manifestações que surgem dentro de uma cultura dada, mas que se podem universalizar. Ele fala ainda em linhagens *transculturais*, que teriam exatamente a capacidade de atravessar fronteiras e se caracterizar como universais.

A operação teórica por ele proposta de dividir a tradição cultural nesses dois aspectos acaba por não encontrar nenhum respaldo nas configurações históricas.

Por último, no debate sobre cultura com o autor, é preciso registrar que ele faz uma leitura empobrecida e unilateral da cultura da Modernidade. Não são poucos os teóricos que se levantam e propõem, como dissemos, leituras para o novo período em que vivemos. No entanto, no geral, mesmo tecendo críticas duras e ácidas à Modernidade, não desconsideram o grande legado cultural e teórico que ela representou.

Lévy, ao propor uma nova cultura formatada a partir do ciberespaço, acaba por desconsiderar sobremaneira a riqueza de qualidades/defeitos do período moderno. Tudo isso em nome de um movimento mais geral ao qual ele se apega, que seria um movimento não cultural e preestabelecido, que é o programa de conexão de todos os seres humanos, exatamente os seres humanos que ele desdenha na construção do social historicamente.

O todo e a parte

Apesar de não apontar como determinação o caráter que a cibercultura teria em relação ao todo cultural, na sua construção teórica fica explícito que o pensador tem convicções de que a matriz da cibercultura irá reconfigurar não só a cultura, mas até mesmo o modelo civilizatório.

Lévy vê na cibercultura o elemento de conexão das subjetividades humanas e, assim, analisa que a partir dela toda a sociedade assumirá novas perspectivas que, em sua visão, são essencialmente positivas.

O que chama a atenção é como o autor desqualifica a cultura preexistente e idealiza uma cultura que surgirá, meramente porque existe um programa acima da sociedade que está a ser realizado e que o ciberespaço será instrumento de realização. A migração que existe de fato das dimensões sociais preexistentes para a dimensão do ciberespaço é pouco tratada ou tratada de maneira mistificadora.

Acontece que a cibercultura não está imune de conflitos, convicções, crenças e construções simbólicas presentes em toda a sociedade. Com eles dialoga, troca, interage. Mais que isso: é a sociedade que definirá se os potenciais positivos de fato existentes no ciberespaço se realizarão ou não.

Não se muda a sociedade senão através dela mesma. Creditar a uma nova dimensão social, como o ciberespaço, uma ação redentora do social não me parece adequado. Porém, podemos ver de outra forma, nas interações, nas trocas, na relação entre essa dimensão e as preexistentes um processo de renovação de práticas e sentidos sociais. Não como processo automático, mas como mediações sociais.

Parece que o autor recorta uma parte, de certo importante, da cultura contemporânea, e acaba por esquecer sua relação dinâmica com o todo cultural. Essa parcialização acaba por restringir o universo cultural que ele aborda, tornando seu trabalho mais voltado para o que deveria ser o ciberespaço do que propriamente ser analítico.

Não conseguiremos entender a cibercultura a partir do ciberespaço. A cibercultura é e será produto das tensões sociais, das configurações renovadas do todo comunicacional, das mudanças reais e efetivas do social, da renovação de valores e das trocas simbólicas, tendo como condicionante ou potencializador o ciberespaço.

Assim, a visão de Lévy subestima a realidade social, suas disputas, seus conflitos, e faz apologia à cibercultura. Isso me remete à hipótese de que ele sonha com que seja produzida uma cultura "limpa" e "positiva" no âmbito do ciberespaço, diferente de tudo o que acontece no social.

O que certamente não ocorrerá, porque o ciberespaço, em que pese influenciar práticas sociais decisivas, não substituirá completamente as outras dimensões nem resolverá um conjunto de pendências e disputas sociais que movem a sociedade.

Só podemos entender a cibercultura como parte do todo que é a cultura contemporânea, em profunda mudança, mas não somente em função da emergência do ciberespaço, mas por variados elementos que estão configurando a sociedade com a qual nos deparamos e os seus impasses e tensões.

Uma determinação fora da sociedade

Outra questão importante que me chama atenção é a crença de Lévy num movimento geral da humanidade. Assim, da diáspora inicial até a integração, existiria um movimento geral que estaria realizando um programa que desvaloriza o cotidiano e seus conflitos para a realização dessa tarefa inata da espécie.

A realidade que tece o que chamamos de cultura, o cotidiano, a vida na qual se realizam os processos de significação, fica soterrada, apartada e muitas vezes ausente do universo tratado. Como diz Lévy, "tudo converge para o virtual", e em seguida:

> Algumas décadas depois da descoberta da expansão do Universo, nós nos descobrimos, com êxtase mesclado de pânico, participando da expansão infinita do mundo das formas no interior de uma consciência humana que ainda hesita em se engajar resolutamente na vida da unificação, da liberação e da dilatação ilimitada (LÉVY, 2001, p. 123).

Diante desse movimento de constituição de uma só consciência através do ciberespaço, perdem-se as lógicas de grupos, classes e nações. O que existe é somente um movimento geral, determinado, com o qual ou compactuamos, ou nos colocamos à margem.

Ao mesmo tempo em que convida os seres humanos a se unificarem, a constituírem um só córtex global, ele retira a dimensão de atores concretos dos sujeitos, procura descortinar uma realidade afora e acima da realidade social, renovando os objetivos do positivismo moderno em torno da conexão e da solidariedade.

Não há indícios de que esse movimento apresentado pelo autor exista de fato e que possa prescindir da sociedade real e de suas tensões e questionamentos para determinar seu rumo ou destino. Afirmar valores humanos e valorizar a integração, o amor, o desenvolvimento das capacidades intelectivas não é um problema em si. O problema é querer transformar desejos como se fossem verdades, estudos, conhecimentos.

Coletivos inteligentes e comunidades virtuais

Outro traço apontado por Lévy que nos remete a uma reflexão importante da cultura que se manifesta no ciberespaço é o dos coletivos inteligentes. A ideia de inteligência, cultura e conhecimentos construídos coletivamente e, portanto, sem propriedade, é uma perspectiva alvissareira e choca-se com a lógica atual de propriedade intelectual e com a imposição pela Organização Mundial de Comércio da adoção de Lei de Patente.

Essa visão de coletivos inteligentes retoma a concepção de que o conhecimento é produzido socialmente e deve ser disponibilizado para uso social. No entanto, essa cultura de acesso livre tem enfrentado resistências gigantescas, como demonstraram os processos contra programas que fazem circular livremente música ou audiovisual.

Ou seja, a cultura de coletivos inteligentes do ciberespaço questiona e confronta uma cultura preexistente de propriedade intelectual e artística. Esse conflito fatalmente ganhará dimensões e pautará um debate social sobre a questão da propriedade do conhecimento.

Diferente de seus trabalhos iniciais, o autor passa a se pautar mais pela demanda do mercado e das leis existentes do que pelo impulso renovador da cibercultura que ele tanto professa.

E, por último, a questão das comunidades virtuais. Entendemos pouco ainda a realidade e a lógica de sua constituição. Contudo, num ciberespaço em que estão disponíveis temáticas e conteúdos altamente diferenciados, são fundamentais os recortes de interesse, os vetores de aglutinação. O movimento de constituição de mapas de conexão, que seriam os trajetos mais permanentes de cada internauta, está a se constituir. Tanto que não se usa mais a metáfora de "navegar" na Internet, já que existe uma parte fixa nos caminhos. Hoje falamos "conectar" em função de já termos certas referências de visita no ciberespaço, ou seja, já constituímos, sem prejuízo de outros rumos, nossos vetores.

Capítulo 10
A sociabilidade contemporânea e o ciberespaço

Podemos afirmar que, além de ser um grande depositário do simbólico, o ciberespaço é uma dimensão de renovação de formas de sociabilidade. Grande parte das conexões é feita para as pessoas alimentarem ou iniciarem vínculos pessoais.

Aqui caberia uma analogia com os argumentos desenvolvidos por Martín-Barbero quando afirma que: se a TV acolhe é porque a rua expulsa. Se o ciberespaço vai se constituindo nesse lugar de encontro e de relações humanas, é porque as outras formas estão sendo desgastadas, fechadas, esgarçadas, erodidas. E a pulsão de estar junto acha as brechas, os caminhos para se realizar. Nesse caso, encontra no ciberespaço um imenso potencial de realização.

São programas de mensagens instantâneas, blogs, listas, e-mails, salas de bate-papo, jogos e inúmeras alternativas para se encontrar o outro.

Espaços que permitem às pessoas dialogarem, exporem sua subjetividade, seus desejos, suas angústias e, também, suas esquizofrenias, suas taras, seus desvios. Se há pedofilia, prostituição, nazismo e outras visões consideradas politicamente incorretas na rede, são demonstrações de que elas estão latentes na sociedade, e o ciberespaço é somente um espaço para sua manifestação. Assim, não posso concordar com os que acham que a saída é simplesmente censurar a rede, pois ela "promove" essas visões. O que ela faz é somente mostrar que esse enfrentamento tem que ser feito em todas as dimensões da sociedade, de maneira aberta e decidida. Claro que a dimensão que estamos tratando tem uma maior margem de liberdade e por isso acaba por se constituir em local dessas manifestações.

Em que termos se realiza essa socialização no ciberespaço? Uma primeira pista para o entendimento dessas relações já foi posta. Numa sociedade em que as pessoas veem seus espaços de sociabilidade e de encontro sendo permanentemente restringidos, o ciberespaço passa a ser uma alternativa importante.

Contudo, pensar só nesses termos talvez seja ainda limitado. É preciso compreender melhor a sociedade e as carências que ela enseja, para entender que o ciberespaço não é somente a única alternativa de sociabilidade para muitos, mas a preferida por uma parcela, por possibilitar conexão a qualquer hora, sem ter que se expor.

Para recuperar o vínculo social, é preciso dar sentido a ele, e reside justamente no esvaziamento de sentido a ação de decomposição que realiza a sociedade atual com os espaços de sociabilidade.

Claro que existe o impulso instintivo, mas os laços sociais não sobrevivem somente dele. Dependem de compartilhamento de sentidos, de identidades, de sentimento de pertencimento. Porém, a impregnação da racionalidade instrumental em todas as instâncias da vida vai erodindo valores e desumanizando as relações.

Há toda uma pressão pela racionalidade do sistema no sentido do apartamento social, do isolamento, da solidão, ainda que esta se dê na multidão.

Apesar disso, mesmo dilacerado, o tecido social resiste e se regenera nas relações cotidianas. Apesar de não se sustentar através de sentidos mais claros nem de sentimentos mais profundos, o tecido social se recupera.

Em função dessa realidade, recriar e regenerar os vínculos sociais passou a ser uma necessidade imperiosa para dar outro sentido à sociedade. Recriar e regenerar os laços passa por elementos mais amplos, entre os quais podemos destacar a construção de objetivos comuns, o compartilhamento de sentidos e o fortalecimento da ideia de coletividade.

Todavia, passa também pela existência de espaços e instrumentos que possibilitem a regeneração do vínculo ou a constituição de vínculos novos.

O ciberespaço tem esse potencial, pode ser usado para a constituição de vínculos sociais, para o fortalecimento do tecido das relações humanas na sociedade atual. Portanto, ele pode auxiliar e impulsionar tendências positivas neste sentido.

Não para que os laços sociais se realizem em seu interior somente, mas para que ele sirva de espaço de encontro que leve à existência e ao fortalecimento de laços nas outras dimensões do social. Espaço de encontro que permita desenvolver identificações, identidades e desejos que estão a pedir lugar para se encontrarem.

O ciberespaço pode ser a nova praça pública virtual, o novo campo do estar junto, que leve a encontros reais e que imponha a necessidade de regeneração de espaços públicos para isso.

O ciberespaço tem potencial para "re-ligar" socialmente e não deve imitar a mídia tradicional, que manipula esses impulsos e carências. Deve sim ser caminho para a realização desse impulso e satisfação dessas carências.

A capacidade regenerativa do laço social é uma qualidade positiva a ser desenvolvida no âmbito da nova dimensão social.

A visão de uma cultura particular – A cibercultura

Uma das faces do impacto do ciberespaço na cultura é a questão da convergência das mídias para seu interior, que tem resultado deveras importante para compreendermos a cultura. Porém, a presença da mídia não é tudo no ciberespaço, como já o dissemos.

Uma das marcas fundamentais da cibercultura é a disponibilidade. Como está na esfera do virtual e do simbólico, o consumo de conteúdos não o faz desaparecer, não é destrutivo. Portanto, na cibercultura, a ideia central da economia de que as necessidades são infinitas e as possibilidades são finitas, deve ser relativizada. A disponibilidade de conteúdos que cresce a todo instante é uma marca distintiva. Ela chega mesmo a alterar a dimensão que temos de conhecimento.

Segundo traço importante é a possibilidade de sinergia de esforços. Até então, estudos e capacidades ficavam circunscritos a espaços específicos, sem se inter-relacionarem e se potencializarem. Hoje, como vem acontecendo com inúmeras linhas de pesquisa, o projeto Genoma é um exemplo, no qual pessoas dispersas no vasto território global interagem num mesmo rumo, num mesmo desafio. É a possibilidade de transformar qualidades e inteligências de grupos em algo mais coletivo e disponível.

A possibilidade de publicização é também elemento importante do funcionamento e da cultura da rede. Em que pese a existência de redes fechadas e de comunicação pretensamente sigilosa, a marca predominante no ciberespaço é o livre acesso, o tornar público, o colocar para navegar seus conteúdos.

A cibercultura tem como germe uma cultura mais interativa, mais coletiva, mais participativa, ou seja, ela é um convite para o agir, o optar, o escolher. Também nisso ela tem um potencial democratizador.

Claro que existem os constrangimentos dessas qualidades. Um primeiro é a existência de uma enorme parcela de pessoas que não estão familiarizadas com a cultura digital, o que faz com que a cibercultura seja ainda uma cultura para uma parte da sociedade. Outro constrangimento é o da exclusão digital, que passa pela ausência de acesso ao ciberespaço, acesso esse que tem um custo elevadíssimo para a maioria da população. Sem falar nos conteúdos de acesso restrito a assinantes, que funcionam como limitação.

Já os impactos do ciberespaço no cotidiano são gigantescos. Desde os equipamentos domésticos, que vão adotando sua lógica, até uma vasta parcela de serviços que temos que utilizar diariamente, são marcas de uma cultura que se impõe. Crescentemente, o próprio celular, com consumo massificado, passa a ser um terminal ativo dessa cultura. No trabalho, em casa, nos pequenos detalhes, vai se infiltrando o ciberespaço e vai promovendo mudanças na cultura existente. A própria relação entre as pessoas, mediada pelo ciberespaço, gera linguagens novas, novas formas de sociabilidade, novos nexos de ação e de reflexão.

O fato de unir o distante pode também distanciar do próximo. Mas, no geral, o que vemos é que o ciberespaço não promove o alheamento. Ajuda a dar curso ao desejo do estar junto. Assim, de maneira cada vez mais recorrente, deparamo-nos com o ciberespaço alterando nosso cotidiano, nossas ações, nossa forma de agir e pensar, nossa cultura.

Não existe uma teoria sobre a cibercultura. O que existem são leituras que, paralelamente ao surgimento do ciberespaço, foram sendo estruturadas.

Como em todo campo da ciência social, essas leituras manifestam concepções mais amplas de mundo e, por isso, não são consensuais. Muito pelo contrário, apenas recolocam na temática específica polêmicas gerais, epistemológicas e filosóficas.

Inúmeros autores, partindo de concepções diferenciadas, procuraram e procuram fazer uma leitura da cultura que emerge da digitalização do simbólico e da sua circulação em rede.

Por ter uma dimensão comunicacional muito forte, as leituras feitas do ciberespaço, com requintes e especificidades, têm repetido campos de conflito que as análises dos meios de comunicação de massa estabeleceram.

Assim, encontramos desde os deslumbrados até os que são completamente céticos em relação ao ciberespaço. Apocalípticos e integrados, funcionalistas e críticos. Procura-se assim repor um dualismo que já não ensejou uma leitura adequada dos meios de comunicação de massa, quanto mais poderá dar conta de uma dimensão tão diferente, complexa e contraditória como é o ciberespaço.

Capítulo 11
Uma leitura da cibercultura a partir dos Estudos Culturais

Não existe um corpo teórico chamado de cibercultura. O que existem são leituras distintas e até divergentes da cultura que se manifesta ou é produzida no âmbito do ciberespaço. Aqui vou procurar, a partir dos Estudos Culturais, fazer uma análise dos traços centrais da cibercultura. Para isso, vou recuperar as categorias dos Estudos Culturais e as configurações sociais, para verificar se elas nos auxiliam numa leitura mais adequada da cultura que se manifesta no ciberespaço.

Cultura e cibercultura

Trabalhamos com a visão de que a ideia de cultura se altera ao longo do tempo, como foi registrado por Raymond Williams. Portanto, a questão da cultura não pode ser vista como um único conceito que nos possibilite ler todas as suas manifestações históricas.

Parece nítido que estamos vivenciando mudanças de monta na sociedade e, por consequência, na cultura, que nos obriga a refletir e a buscar entender suas linhas principais. Assim, não caberia aqui trabalharmos com uma concepção de cultura referenciada na ilustração ou ainda, em termos mais remotos, no cultivo da mente.

Retomamos uma vez mais a definição que nos parece adequada para nosso tempo histórico de: *cultura como o complexo de valores, costumes, crenças e práticas que constituem o modo de vida de um grupo específico, classe ou nação, incluindo os usos que fazem das técnicas, nas suas relações consigo e com a alteridade.*

Se partirmos dessa definição de cultura dos Estudos Culturais, podemos lançar luzes sobre alguns aspectos que teriam de ser levados em conta na cibercultura.

Cibercultura

Não podemos analisar a cibercultura como algo não conectado ao complexo social e as suas demandas. Portanto, em primeiro lugar, é possível afirmar a cibercultura como um dos espaços de manifestação do todo cultural contemporâneo.

São relações intensas das dimensões preexistentes com a nova dimensão que representa o ciberespaço, que são gerativas da cultura contemporânea, através de trocas em que não podemos afirmar determinações ou hierarquias *a priori*. Porém, a observação empírica nos remete para uma visão de que ainda o ciberespaço é visto mais como canal de manifestação de significações de outras dimensões do social do que *locus* de sua produção, em que pese esta ser uma possibilidade e uma potencialidade dele.

Assim, a definição de cibercultura não seria somente de uma cultura especificamente produzida em termos do ciberespaço, mas de uma dimensão da cultura contemporânea que encontra no ciberespaço seu lugar de manifestação. Claro que para ali navegar esta cultura passa pela adequação exigida pela dimensão: digitalização, interatividade, conexão, publicização, e convive também com aspectos da cultura propriamente gerada no ciberespaço.

Esta cibercultura dialoga, por assim dizer, com as práticas concretas e reais dos grupos em seu cotidiano, que caracterizamos como real cotidiano, e também com toda a cultura circulante nas mídias tradicionais, que têm ainda força excepcional, e que chamamos de real mediático. Sem hierarquias definidas, esse complexo de relações de significações e práticas acaba por constituir uma só realidade cultural, que é a realidade contemporânea.

Novos valores, costumes e hábitos

Tanto na cultura contemporânea em geral, quanto na cibercultura em particular, vão se gestando novos valores e práticas sociais. O computador e a Internet propiciaram mudanças no âmbito do trabalho, do estudo, do lazer e das relações pessoais, assim como a intensificação das trocas materiais e humanas pelo desenvolvimento dos transportes e a troca cultural realizada pela Indústria Cultural através das mídias tradicionais.

Um dos aspectos que vai sendo relativizado é o da presença. Através do ciberespaço, a ideia de presença, que antes era vista como indispensável para credibilidade de variados processos sociais, permanece, mas com força menor. Através da conexão, a simulação da presença vai fazendo com que as pessoas possam efetivamente se relacionar em situações não presenciais.

Através do ciberespaço, o cotidiano das pessoas vai sendo alterado também porque se amplia o controle de produtividade, de estoque, de conexão, de consumo, fazendo com que se estabeleçam novas sistemáticas organizacionais nas mais diversas esferas da atividade humana. É paradoxal imaginar que uma dimensão que permite a conexão livre e, até certa medida, anarquista em seus pontos, cumpre papel tão decisivo na lógica sistêmica de profundo controle dos processos decisivos na atualidade.

Apropriações diferenciadas

Mesmo com o crescente acesso ao ciberespaço, existem apropriações diferenciadas do ponto de vista de grupos, classes e nações. Nesse aspecto, a cibercultura ainda é realidade de uma parcela, mesmo que crescente, dentro de uma sociedade dividida e cheia de conflitos e de exclusões.

Frações de classe, grupos específicos, acabam por se apropriarem do ciberespaço como dimensão social e ferramenta para realizarem seus projetos individuais e coletivos.

Num país em que persiste até mesmo o analfabetismo, a inclusão digital dá seus passos iniciais. Registramos isso para entender que os valores, as práticas e utilizações que fazem parte da cibercultura não são homogêneos. Este é mais um motivo para relativizarmos o papel da cibercultura dentro da configuração mais geral da cultura contemporânea.

A questão de que setores têm acesso ao ciberespaço é decisivo para entendermos que os traços da cibercultura fazem parte da experiência de cerca de 30% da sociedade brasileira de maneira mais permanente, apesar de seu crescimento, e que o nível de intensidade e de troca da cibercultura com as demais dimensões é completamente diferenciado por classes e grupos sociais. Para grande parcela da sociedade, a relação com a cibercultura existe de maneira indireta, mediada, não retirando sua importância, mas reduzindo seu impacto no cotidiano e nas suas funções de significação.

A nova dimensão

A noção de identidade, nos termos concebidos na Modernidade, que, como afirma Stuart Hall, está sendo alterada e descentrada, encontra no ciberespaço *locus* e aceleração desse processo.

As noções de fronteira e de nação vão sendo reconfiguradas e os fluxos de troca culturais se intensificam por cima das fronteiras e das nacionalidades.

Isso intensifica os processos de composição e trocas culturais, as inúmeras hibridizações que vão sendo operadas a partir de aberturas culturais. Nesses termos, a capacidade de desterritorialização da constituição do cultural encontra no ciberespaço um impulso decisivo.

Assim, além das culturas que atravessam fronteiras, surgirão certas manifestações culturais que serão articuladas exclusivamente no ambiente do ciberespaço e, portanto, serão produzidas desconsiderando territorialidades. Serão, por assim dizer, manifestações genuinamente globais e ciberculturais, ao menos por terem sua produção estendida por conexões dispersas pelo globo. Isso não quer dizer, no entanto, que terão autonomia completa em relação às práticas cotidianas de seus inspiradores. As práticas que vão lastrear as manifestações culturais no ambiente do ciberespaço continuarão a se fazer presentes através das pessoas e de suas experiências.

A técnica como abertura de possibilidade

O debate sobre a relação técnica/cultura/sociedade ensejaria um trabalho específico e com grande vigor, pois a temática propicia. Porém, opto por não enfrentar esse debate teórico decisivo em toda a sua magnitude, por não ser o objeto aqui. Referencio-me numa postura que avalia as técnicas com um papel importante, mas que o elemento decisivo é a cultura e a realidade social conflitiva.

Vemos a técnica como elemento interno da cultura e com a carga própria de um determinado modelo social historicamente constituído.

Portanto, ela, assim como os demais elementos da cultura, reflete visões e projetos, mas também enseja disputas e conflitos. As técnicas são elaboradas dentro de um sentido, com determinado valor. Elas permitem que o resultante hegemônico de uma determinada sociedade se expresse e se desenvolva ou, pelo contrário, enfrente percalços e atrofias.

O capitalismo, como sistema, promove uma renovação incessante das técnicas, realiza a aproximação como nunca antes vista da produção do conhecimento e da sua imediata transformação em técnicas para fins produtivos e lucrativos.

Contudo, as técnicas, vistas como elementos internos da cultura e não como externalidade ou como substitutas dela, a partir de sua geração e de sua disponibilização social, apesar de terem um sentido de uso hegemônico produzido no seio da sociedade, são também elemento de disputa. São levadas também em conta nos projetos contra-hegemônicos, são também apropriadas pelos blocos de classes e grupos sociais que se propõem a superar os modelos estabelecidos.

Assim, vemos que a técnica surge dentro de uma determinada configuração social e está vinculada ao propósito de sua reprodução, mas é elemento de disputa e passível, assim como outros tantos traços da cultura, de novas apropriações.

Isso nos obriga a uma análise da técnica dentro de seu contexto, para vermos o quanto ela serve ao propósito da reprodução e o quanto ela permite também uma reorientação, uma disputa de sentido.

As técnicas vinculadas à produção do simbólico constituem, por assim dizer, uma arena por excelência da disputa da hegemonia social. Foi e é assim com as mídias tradicionais, como nos alertou de maneira efetiva as diversas leituras feitas pelos Estudos Culturais. É e será assim com a nova dimensão que surge, o ciberespaço, que, entre outras coisas, é espaço de produção e circulação do simbólico.

A pergunta a se fazer é: quanto determinada técnica tem abertura maior ou menor para a disputa, para ser ressignificada dentro de outro projeto. Aqui cabe um breve comparativo com as mídias tradicionais, em especial com os meios eletrônicos: televisão, rádio e cinema.

Estes são, na atualidade, hegemonicamente empreendimentos comerciais, apesar de guardarem claramente uma dimensão de espaço público, o que gera uma tensão de origem. Esses espaços passaram a cumprir, como vemos cotidianamente, um papel decisivo na constituição do social e da subjetividade. No entanto, eles operam dentro de uma lógica muito nítida, que é a da reprodução do sistema em sua essência, guardadas, claro, as disputas de frações e diferenças não fundamentais de projeto. Assim, eles são espaços de disputa da hegemonia social, apropriados por parcelas bastante definidas e decisivas dentro da sociedade conflitiva. São, como desdobramento dessas afirmações, muito pouco porosos aos outros setores, à diversidade social, às parcelas que propõem outra hegemonia e outro sentido de sociabilidade. Nesses termos, a disputa ocorre menos internamente, no âmbito da produção, e mais externamente, no âmbito da recepção e da ressignificação.

No caso do ciberespaço, essa situação é configurada de outra maneira, pois sua própria estruturação é aberta à polifonia social, aos variados setores, reproduzindo de maneira mais fidedigna a complexidade das demandas sociais e de seus atores. Nele, a disputa ocorre tanto no aspecto interno (produção), como no aspecto externo (recepção), porque esses processos são vistos mesmo de outra maneira: na cibercultura cada um é potencialmente produtor/receptor ao mesmo tempo. Nesse aspecto, as técnicas produziram uma dimensão que tem um potencial democratizador. Não quer dizer que esse potencial vá se desenvolver naturalmente nem que não exista esforço aberto das forças hegemônicas atuais para cercear e restringir essa característica, buscando fazer do ciberespaço algo mais administrável para seus interesses.

Porém, a disputa está posta em termos muito mais favoráveis no âmbito do ciberespaço do que no das mídias tradicionais. Mesmo as condições objetivas sendo assimétricas entre os setores que disputam, a cibercultura, até mesmo pelo seu grau de imaterialidade, permite ao menos que os variados projetos se manifestem ali a partir de sua própria voz.

Cibercultura e ideologia

A partir dos Estudos Culturais, concebemos ideologia *como um sistema dinâmico articulador da concepção de mundo, dos valores e sentidos dados à realidade por uma classe ou setor, que revela qualidades analíticas e simbólicas, mas também limitações, lacunas*. Analiso ainda que ideologia *só existe através de manifestações concretas da cultura, da política, do conflito, no cotidiano. Assim, ideologia teria um caráter bastante abstrato, enquanto que cultura tem uma dimensão material, prática, cotidiana*.

Vemos então que o campo real de expressão e das mudanças da ideologia é o da cultura. Conflitos no âmbito da cultura nem sempre expressam necessariamente divergências ideológicas. Todavia, divergências ideológicas quase sempre se expressam no âmbito da cultura. Digo isso porque a disputa no âmbito da cultura contempla desde concepções essenciais até questões secundárias, táticas por assim dizer. Já a disputa no âmbito da ideologia está em torno de questões essenciais.

Contudo, não podemos absolutizar, já que não vemos ideologias como construções puras, mas como produto histórico do conflito, o que nos leva a crer que também em alguns aspectos da ideologia pode haver concordância entre campos distintos.

As culturas constituintes da cibercultura não são, portanto, únicas e coerentes, são, como expressão do conflito, divergentes. Como vimos, a cibercultura reflete a polifonia e os variados posicionamentos sociais. No entanto, as forças hegemônicas tentam estruturá-la a partir de sua ideologia e de suas práticas culturais. As leituras feitas da cibercultura são hegemonicamente pós-modernas e adequadas ao pensamento da globalização capitalista em curso.

A dimensão da cibercultura que satisfaz e que é incentivada pelo pensamento dominante é a de um impulsionador e estruturador do grande *e-market* mundial; de ambiente central de expansão das possibilidades de controle sistêmico e social; de incentivo ao consumismo e individualismo; de espaço de simulação de felicidade em detrimento do real; como espaço de divulgação e de defesa de um modo de vida, de uma cultura produzida a partir do centro do sistema; de ferramenta decisiva para a maior exploração do trabalho e da conquista de maior lucratividade. Quando Lévy fala de um único hipercórtex em que todos estariam conectados, é preciso perguntar quem definiria a hierarquia e os seus procedimentos de funcionamento. Uma metáfora que pode parecer altamente positiva pode também ser vista, a partir dos interesses da ideologia hegemônica hoje, como a expansão em termos nunca imaginados do controle de corações e mentes.

Porém, há disputa. Os setores contra-hegemônicos lutam pela polifonia da cibercultura; pela possibilidade de relação dialógica não presencial como elemento de religamento social; como espaço de construção de solidariedade; como ambiente de conhecimento, troca e hibridação de culturas; como espaço articulador de milhões de consciências em torno de valores como a paz, o respeito aos direitos humanos, o combate à miséria; o incentivo às artes, ao conhecimento e ao desenvolvimento científico em benefício das maiorias; o combate à exclusão e a possibilidade de maior participação social e política.

Ideologias que expressam em termos de cultura a disputa, as contradições e os antagonismos de nossa realidade histórica, e que vão produzindo como resultante essa cibercultura: contraditória, polifônica, instável, em disputa. O que resultará? Depende de inúmeros fatores, que não são específicos do ciberespaço, mas são das dimensões de capacidade de hegemonia e poder.

Cibercultura, hegemonia e poder

A partir dos Estudos Culturais, trabalhamos com a ideia de que o campo por excelência da disputa da hegemonia é a cultura. A cibercultura, como uma das dimensões decisivas da cultura contemporânea é, portanto, arena dessa disputa também.

Vivemos um momento em que o poder migra em parte dos chamados Estados Nacionais para corporações financeiras e industriais de caráter global. A disputa pela hegemonia fica mais complexa, porque não se trata somente dos conflitos intrafronteiras de cada sociedade nacional, mas de uma disputa ampliada, alimentada pela intensificação dos fluxos culturais, políticos e econômicos internacionais.

Assim, a disputa da hegemonia nos tempos atuais se dá não somente em torno de blocos históricos que buscam o poder nacionalmente, mas crescentemente exigem articulações supranacionais em torno de projetos de poder.

O ciberespaço é exatamente uma dimensão que atenua o papel das fronteiras e por isso, além de jogar papel na luta pela hegemonia em âmbitos nacionais, tem sido elemento de articulação internacional também.

Como vimos acima, as ideologias se conflitam no âmbito da cibercultura. Todo o conflito tem, em última instância, a busca pela validação de seu projeto e, portanto, a busca da hegemonia.

A hegemonia tem hoje o campo das comunicações como espaço importante de sua constituição. Ainda são as mídias tradicionais que procuram configurá-la, mas certamente o papel da cibercultura tende a crescer nesse aspecto.

A disputa da hegemonia busca, além da validação do projeto, o poder efetivo para aplicá-lo. Nesse sentido, a pulverização do poder por instâncias não públicas, como são as corporações transnacionais, acaba por erodir sobremaneira a capacidade de a sociedade gerir o conflito em termos de hegemonia, principalmente em sua dimensão nacional.

Se pensarmos em termos da própria arquitetura do ciberespaço, veremos que o papel de uma só nação, como os EUA, e de grandes corporações, acaba por concentrar sobremaneira o poder de decisão. Claro que há uma luta em curso para alterar essa situação, e ela faz parte também da luta contra-hegemônica que tem como centro de sua oposição o modelo gerido e exportado pelo império norte-americano.

A disputa da hegemonia em termos de ciberespaço se apresenta, portanto, em duas dimensões distintas, porém relacionadas. A primeira é a de sua arquitetura, sua gestão, sua estrutura efetiva, que condiciona o seu funcionamento e suas possibilidades. A segunda é no âmbito mesmo da cibercultura, em torno de valores e projetos divergentes que circulam de maneira de certa forma anárquica, mas que aos poucos vão encontrando vetores de articulação e de sentido dentro do ciberespaço.

A disputa da hegemonia e, em consequência, do poder, pressupõem atores políticos e sociais conscientes em torno de projetos de sociedade. O âmbito da cibercultura permite o surgimento e a articulação desses atores nas mais variadas escalas. No entanto, diferente das mídias tradicionais, que são direcionadas, a cibercultura tem como característica a disponibilidade quase infinita de temas, problemas, propostas e programas. Assim, a construção de vetores, de articulações dentro da cibercultura, aparece como essencial para superar sua dispersão e ampliar seu poder de intervenção na disputa mais ampla da cultura contemporânea.

Cibercultura, real midiático e real cotidiano

Os Estudos Culturais foram decisivos para uma leitura mais adequada da comunicação realizada através das mídias tradicionais. Foram eles que romperam as amarras de uma leitura condicionada por duas visões igualmente limitadas: funcionalismo e teoria crítica.

Quando falamos de cibercultura, estamos falando da nova dimensão que nos desafia teoricamente a fazer uma leitura mais ampla também. Temos visto que a reprodução do impasse teórico das culturas da mídia tradicional para a cibercultura não é pertinente. Primeiro, pela limitação que aquelas teorias tiveram e têm para a leitura do chamado real midiático. Segundo, porque a cibercultura é bastante distinta da cultura que é produzida e circula através das mídias de massa.

Trabalhamos aqui com a ideia inicial de que a sociedade contemporânea, a título analítico, poderia trabalhar com uma visão de que existem duas dimensões da realidade, relacionadas e em interação, mas que guardam suas especificidades: real cotidiano e real midiático.

Com o advento do ciberespaço essa equação fica mais complexa, pois entraria um novo elemento: a realidade virtual, que interage com as demais de maneira permanente e intensa. Chamamos de realidade virtual todo o grande estoque disponível no ciberespaço que se pode materializar em qualquer terminal, a qualquer instante. Ou seja, virtual não como falso, mas como disponível para se realizar.

Tanto a realidade cotidiana quanto a realidade midiática são alteradas com a realidade virtual. Inúmeras atividades do cotidiano passam a coexistir com a realidade virtual, assumindo novas formas e adquirindo outros sentidos.

As alterações da realidade cotidiana vão desde as relacionadas com o trabalho e o estudo, até as de relacionamento pessoal e lazer. Amplia-se sobremaneira o acesso a informações, ao conhecimento e à alteridade.

Já no que se refere à realidade midiática, a cibercultura é apropriada para potencializar seu caráter ficcional, sua dimensão espetacular, e ganha alguns aspectos de interatividade. A digitalização de todas as mídias acaba por promover uma dada convergência em torno do ciberespaço. Contudo, a realidade midiática continuará tendo um sentido diverso da realidade virtual.

Assim, essas dimensões diferenciadas da realidade possuem suas relações e tensões que resultam num todo que não tem predominância estabelecida *a priori*, mas que continua tendo a realidade cotidiana como espaço central das significações que operamos e, portanto, da cultura.

Cibercultura e mediações

Na concepção de mediação vemos *como as técnicas e os meios delas derivados estabelecem possibilidades e limites para o "como" realizar a comunicação, mas eles em si não definem o sentido do comunicado, já que este depende da cultura e de inúmeros fatores intervenientes que constituem o contexto, as mediações que conferem significados diferenciados para classes, grupos, pessoas.*

Tanto quanto para os meios de comunicação de massa, essa concepção de mediação cabe, no nosso entendimento, perfeitamente para entender como pessoas, grupos e classes se apropriam de maneira diferenciada do ciberespaço e leem de maneira também distinta as manifestações culturais que nele são produzidas ou postas para circular.

Mesmo a cultura propriamente produzida no âmbito do ciberespaço carrega em si as mediações sociais e os significados que elas têm em seu contexto e nas práticas de seus produtores. Portanto, é impensável imaginar uma leitura da cibercultura sem avaliar suas relações com as demais dimensões da cultura e da sociedade.

Quando trato de mediações, afirmo também que elas se realizam no real cotidiano, através da forma que as pessoas e os grupos comunicam entre si os elementos que circulam na realidade midiática e, diríamos também, na realidade virtual.

Assim, é dentro do "todo comunicacional" que vão se constituindo as significações, através da relação entre comunicação e contexto, mas principalmente na relação entre mídias e pessoas, grupos, classes.

Que caráter tem essas mediações? Elas são mediações culturais, econômicas, políticas, de gênero, de religião, entre outras. E tudo isso dentro de um contexto social e histórico dado. Não são mediações individuais somente, pois elas se realizam na relação com os outros, com a alteridade. As mediações são, portanto, sociais.

Quando tratamos de ciberespaço, essas mediações avultam. Até porque o que está sendo disponibilizado não é restrito a uma classe ou a poucos grupos, como nas mídias de massa. Essas mediações se realizam tanto no elemento da produção mais ampla, quanto no consumo do que está disponível.

Cibercultura e hibridismo

Na questão do hibridismo, empresto o conceito utilizado por Néstor García Canclini: *hibridação, não como sinônimo da fusão sem contradições, mas, sim, que pode ajudar a dar conta de formas particulares de conflitos geradas na interculturalidade recente.*

É o próprio Canclini que vai ressaltar que essas hibridizações ocorrem em determinadas regiões geográficas como as fronteiras, onde as trocas são mais intensas.

No que concerne à cibercultura, vimos que as fronteiras perdem sua importância decisiva e que o ciberespaço é completamente aberto e incentivador do contato de culturas distintas de uma mesma região, de um mesmo país ou de países completamente diferentes. Claro que o fato de incentivar o contato não quer dizer necessariamente que propicia também o processo de hibridação automaticamente.

Porém, a partir de análises empíricas, vemos que a cibercultura é sim âmbito de inúmeras hibridações que vão gerando práticas ou produtos culturais novos, desafiando nosso entendimento.

Combinações desde as mais corriqueiras até as mais exóticas vão sendo testadas no âmbito da cibercultura. Muitas delas acabam se plasmando e constituindo sim em produtos de hibridizações. Mas, é como afirma Canclini, um processo em que existem tensões e conflitos, complexidade.

Precisamos, no entanto, diferenciar processos de hibridizações em curso no âmbito da cibercultura, de outros que têm nela sua própria referência gerativa. Ou seja, processos que são originais do novo ambiente e que vão produzindo algo que é derivado de práticas e significações dispersas pelo globo, mas que se juntam para criar no ciberespaço.

Pela sua pluralidade, a cibercultura é também um elemento de reforço da visão dos Estudos Culturais, de que as especificidades da realização de processos em cada país ou região são decisivas para uma leitura adequada. Portanto, as generalizações são importantes, mas, para entendimento profundo da realidade social, é preciso entender como um mesmo processo ocorre e se manifesta de maneira bem diferenciada dentro de cada realidade. A Indústria Cultural, por exemplo, apesar de traços gerais, tem elementos específicos na sua constituição em cada nação latino-americana e muita distinção com a dos países europeus ou da América do Norte. Assim, a abertura para as trocas culturais não pode ser vista como um processo que desconsidere as configurações específicas, pois elas é que nos dão noção mais precisa do real.

Preciso também registrar claramente que a abertura existente na cibercultura pode tanto ser utilizada para um maior encontro de culturas diferentes, como para ressaltar a xenofobia, o racismo, a discriminação. Ressaltei aqui que o ciberespaço tem potencial de abertura, mas que ela será mais ou menos utilizada a partir do desenvolvimento ou regressão dessa postura na sociedade.

Cibercultura e contradições da sociedade contemporânea

Quando analisamos a realidade da sociedade contemporânea, afirmo que, *nessa sociedade do conflito, contradições polares assumem dimensões de maior tensão e combinação, gerando uma realidade que está esperando desfecho, uma realidade de crise que pode sim gerar, em sua solução, ao menos por um tempo, novas hegemonias nos conflitos e nas contradições.*

A cibercultura é, antes de mais nada, espaço e expressão dessa realidade, dessas contradições e tensões em que estamos submersos. Portanto, assim como em outros tantos termos, querer descrever a cibercultura a partir de um só elemento dos conflitos é dizer, no mínimo, meias verdades.

É bem verdade que, em certas áreas de disputa social mais controladas pelas forças hegemônicas, os elementos ideológicos dominantes são sim mais nítidos e praticamente exclusivos, como, por exemplo, nas mídias tradicionais. Contudo, no âmbito da cibercultura não. Pela pluralidade que ela manifesta, apesar da presença forte das concepções hegemônicas, comparecem também seu questionamento, e as tensões se expressam como no âmbito das dimensões preexistentes.

O tempo da cibercultura é o tempo plural, que permite desde a operação *on-line* que movimenta trilhões de dólares no mercado financeiro mundial, até o bate-papo filosófico e tranquilo entre amigos. Diferente das mídias tradicionais, o ciberespaço não tenta impor um único ritmo, um único tempo. Permite a diversidade e a pluralidade temporal, apesar de ter em si o potencial e de operar essencialmente pela instantaneidade.

Um espaço que na prática é inexistente e um tempo plural constituem uma dimensão inovadora e flexível, aberta e moldável às infinitas necessidades que levam as pessoas até ela.

Na cibercultura estão presentes e representadas as inúmeras comunidades, tribos, grupos com os mais variados recortes geográficos, de interesse, de faixa etária, de opção sexual, de opinião política etc. Casos como o Orkut inovam sobremaneira as formas de contato, de teia de relações, de possibilidades de vetores de contato.

Além de permitir a fruição instantânea e visão hedonista, o ciberespaço é também um mar de projetos pessoais, grupais, sexuais, de gênero, classistas, nacionais e mundiais etc. Nele convivem e conflitam esses projetos, alguns mais gerais, outros completamente específicos e parciais.

Por fim, é importante conflitar a visão de que a cibercultura e o ciberespaço seriam adventos necessariamente vinculados às concepções pós-modernas. Como espaço de manifestação das contradições sociais, a cibercultura tem sim traços da configuração social contemporânea e, por isso, nela estão presentes os polos que disputam prevalência nas mais variadas áreas do social. Mas suas características são sim mais vinculadas aos tempos futuros do que à lógica centrada, fordista e rígida do século passado.

A cibercultura está dependendo e refletindo os desenlaces possíveis da constituição da sociedade global na sua integralidade e de suas parcialidades, que, como vimos, continuam a ter importância e dinâmicas de desenvolvimento.

Crescentemente, a possibilidade mesma de exercício de cidadania irá depender do acesso a esse imenso ciberespaço. Porém, a inclusão digital não se dará sem, paralelamente, uma inclusão social que hoje precisaria abarcar mais de um bilhão de seres humanos no planeta. Por isso, apesar de creditarmos grande importância à cibercultura e ao ciberespaço, vemos que é ainda em outras esferas que o destino de nossa sociedade e, podemos até mesmo dizer, do modelo civilizatório, está sendo configurado.

Conclusão

Partimos do fato da existência de uma mudança de monta na sociedade humana. No percurso desta obra, todos os indícios corroboraram com esta ideia central: são imensas e intensas as mudanças que se operam e, principalmente, não atingimos ainda uma nova configuração estável, se é que será possível chegar nela algum dia, a partir da velocidade que se instaurou.

Porém, as leituras dessas mudanças são bastante díspares, contraditórias, expressando também pontos de vista de pessoas, grupos, classes, nações que veem de maneira diferenciada os processos em curso.

Concluímos que, neste momento de impasse, de transição, nomear ou conceituar a sociedade polar e tensa em que vivemos contribui mais para nublar o entendimento do que para nos aproximar de uma leitura mais efetiva da realidade concreta e manifesta.

Nas leituras disponíveis, vimos que ainda se confrontam dois grandes campos teóricos de análise da ontologia do social: um que pensa o conflito social como anomalia, como elemento que dificulta a realização de seu projeto de harmonia e sua perspectiva de ordenamento positivo. Outra, que vê a configuração social como produto mesmo das tensões, dos conflitos e das contradições que estão prenhes de possibilidades diferentes de desenlace e de desenvolvimento. Uma que se vincula claramente ao campo do idealismo, do positivismo; outra que está no campo do materialismo histórico, da sociedade real e efetiva.

Analisamos que uma das dimensões efetivamente mais importantes que emergem dessas mudanças é o ciberespaço e a cultura que nele se elabora ou circula, a cibercultura. Concluímos que cibercultura não se constitui num corpo teórico, mas num objeto de pesquisa, de análise e, portanto, exige que aqueles que, como nós, refletem sobre o social, tenham também uma visão sobre ela.

A partir de uma análise de que os Estudos Culturais foram decisivos para superar a dualidade pobre do debate sobre a comunicação de massa no século passado, questionamos se eles não poderiam cumprir papel de destaque também na leitura dessa nova dimensão cultural contemporânea.

Na análise da evolução mesma dos Estudos Culturais, identificamos caminhos plurais e diferenciados. Nesse sentido, procedemos a uma análise de suas raízes britânicas e de sua manifestação na América Latina, para concluir que era preciso repor, de maneira atualizada e crítica, os Estudos Culturais no campo do marxismo, pois outros caminhos transbordaram desse referencial e passaram a fazer parte de outros campos teóricos, em especial os de conformidade com a Pós-Modernidade ou de visões ecléticas.

Essa reposição pressupõe uma opção teórica, mas mostrou-se também decisiva para que os Estudos Culturais não perdessem sua verve crítica e transformadora, sem, no entanto, cair em simplificações ou empobrecimentos.

Questão decisiva foi compreender que a cultura é hoje, mais do que nunca, o campo decisivo de disputa da hegemonia e do poder nesta sociedade complexa em que vivemos. O aporte dado por Gramsci e as contribuições fecundas de Williams foram decisivos para atualizar esse entendimento.

Vimos que a concepção e os conceitos dos Estudos Culturais permanecem constituindo um incomparável instrumental analítico que consegue lidar com a sociedade em sua multiplicidade, sem, no entanto, desconsiderar que nela existem nexos, linhas de força fundamentais que nos permitem uma análise efetiva dos processos em curso.

Concluímos que conceitos como cultura, ideologia, cotidiano, hegemonia e poder, classe social, recepção, mediação, hibridismo, entre outros, dentro do corpo teórico dos Estudos Culturais, são atuais e efetivamente válidos para a análise contemporânea.

De posse desse instrumental teórico adequado, lançamo-nos na leitura da cultura contemporânea, para destacar traços fundamentais e suas tensões.

Na leitura que realizamos do ciberespaço, vimos que seu surgimento é fruto da convergência dos esforços de comunicação e de desenvolvimento de máquinas de "pensar".

Vimos, no entanto, que a emergência do ciberespaço não levará ao desaparecimento de outros modelos comunicacionais, mas que com eles vai compor de maneira nova o que chamamos de "todo comunicacional". Nesse sentido, ficou claro também que, ao lado do real cotidiano e do real midiático, passa a figurar a realidade virtual como elemento de composição da realidade social.

Na análise da visão dominante de cibercultura, a partir de Pierre Lévy, concluímos que existe uma apologia injustificada ao papel do ciberespaço e uma tendência nítida de subestimar as dimensões preexistentes do social. Lévy dá decisivas contribuições para análise de partes específicas da cibercultura, mas seu pensamento se inscreve numa visão idealista e neodeterminista, desconsiderando o cotidiano e os conflitos sociais.

Além disso, concluímos que sua visão é completamente integrada e de adesão ao processo social em curso de globalização dominada a partir dos Estados Unidos e que tem como programa a radicalização do liberalismo, o neoliberalismo.

Em seu trabalho subestima-se o papel da agência humana como decisivo para as perspectivas que a sociedade em geral e o ciberespaço em particular vão ter.

Sua análise da cultura preexistente é limitada e negativa, e sua visão de cibercultura confunde a parte e o todo, gerando uma visão parcial, de uma única dimensão da cultura, uma vez que ela é muito mais plural e vivida em outras tantas dimensões.

Como desdobramento dessa crítica, buscamos fazer uma leitura inicial, a partir do referencial teórico dos Estudos Culturais, da cibercultura e de suas características. Concluímos que não só tem sentido essa leitura, como é profícua e enriquecedora do entendimento do que chamamos cibercultura.

Claro que essa leitura ainda foi inicial, parcial, a partir dos conceitos clássicos dos Estudos Culturais, podendo e necessitando ainda de maior desenvolvimento, mas possibilitou entendimentos essenciais:

- Primeiro, de que a cibercultura não pode ser vista como algo apartado do conjunto dos conflitos, das tensões, das disputas sociais concretamente existentes.
- Segundo, que a cibercultura, como parte da cultura contemporânea, constitui-se também num espaço privilegiado da disputa da hegemonia e do poder na sociedade.

- Terceiro, que suas características são bastante diferenciadas das mídias de massa, constituindo-se não como mais uma mídia, mas como uma nova dimensão social.

- Quarto, que essa nova dimensão social está em disputa, assim como ocorreu com as mídias tradicionais no momento de seu surgimento. Têm potencialmente traços altamente positivos: democratizantes, de religamento social, de estabelecimento da possibilidade da relação dialógica não presencial, de pluralidade e de trocas culturais frutíferas. Porém, esses potenciais podem ser desenvolvidos e impulsionados ou atrofiados e reduzidos a papéis secundários.

- Quinto, a análise nos possibilitou criar convicção da necessária ampliação do acesso e da utilização do ciberespaço pelo conjunto das pessoas, classes e grupos sociais, como condição mesma da existência de uma real cidadania.

Em meio ao turbilhão de mudanças, pensamos que devemos buscar o entendimento do processo em curso. Não somente como desafio de conhecimento que em si se basta, mas como etapa necessária para atuar dentro dos conflitos e dos processos, criticando tendências que consideramos equivocadas e potencializando ideias e atores que podem sim alterar rumos, estabelecer novos nexos, abrir caminhos para outra realidade social.

É então um esforço teórico e científico de produzir conhecimento, mas para que ele ganhe, além de verve analítica e crítica, impulso transformador.

Esse é o compromisso que nos norteia no esforço intelectual, esse é o compromisso que impulsionou esta obra.

Bibliografia

ABDALA JÚNIOR, Benjamin. (org.) *Margens da cultura*. São Paulo: Boitempo, 2004.
ADORNO, T.; HORKHEIMER, M. *Dialética do esclarecimento*. Rio de Janeiro: Jorge Zahar, 1986.
CANCLINI, Néstor García. *Consumidores e cidadãos*. Rio de Janeiro: UFRJ, 2001.
_____. *Culturas híbridas*. São Paulo: Edusp, 2003a.
_____. *A globalização imaginada*. São Paulo: Iluminuras, 2003b.
CASTELLS, Manuel. *A galáxia da internet*. Rio de Janeiro: Jorge Zahar, 2003.
_____. *A sociedade em rede* (A era da informação: economia, sociedade e cultura; v. 1). São Paulo: Paz e Terra, 1999.
CEVASCO, Maria Elisa. *Para ler Raymond Williams*. São Paulo: Paz e Terra, 2001.
_____. *Dez lições sobre os estudos culturais*. São Paulo: Boitempo, 2003.
CHAUÍ, Marilena. *Ética*. São Paulo: Companhia das Letras, 1994.
ESCOSTEGUY, Ana Carolina D. *Cartografias dos estudos culturais*. Belo Horizonte: Autêntica, 2001.
EAGLETON, Terry. *A ideia de cultura*. São Paulo: Unesp, 2005.
FIORI, José Luís. *O Brasil no espaço*. Petrópolis: Vozes, 2001.
_____. *Os moedeiros falsos*. Petrópolis: Vozes, 1997.
GRUPPI, Luciano. *O conceito de hegemonia em Gramsci*. Rio de Janeiro: Graal, 2000.
HALL, Stuart. *A identidade cultural na pós-modernidade*. Rio de Janeiro: DP&A, 1999.
_____. *Da diáspora*. Belo Horizonte: UFMG, 2003.
HARVEY, David. *Condição pós-moderna*. São Paulo: Loyola, 1994.
IANNI, Octávio. *A sociedade global*. Rio de Janeiro: Civilização Brasileira, 1993.
_____. *Teorias da globalização*. Rio de Janeiro: Civilização Brasileira, 1999.

IANNI, Octávio. O príncipe eletrônico. In: *Desafios da globalização*. Petrópolis: Vozes, 2000.

JAMESON, F. *Pós-Modernismo*. São Paulo: Ática, 1996.

_____. Notas sobre a globalização como questão filosófica. In: SOVIK, Liv; PRADO, Jose Luiz Aidar (orgs.). *Lugar global e lugar nenhum*. São Paulo: Hacker, 2001.

JOHNSON, Steven. *Cultura da inteface*. Rio de Janeiro: Jorge Zahar, 2001.

KELLNER, Douglas. *A cultura da mídia*. Bauru: Edusc, 2001.

KONDER, Leandro. *A questão da ideologia*. São Paulo: Companhia das Letras, 2002.

LÉVY, Pierre. *O que é o virtual*. São Paulo: 34, 1997.

_____. *Inteligência coletiva*. São Paulo: 34, 1998.

_____. *Cibercultura*. São Paulo: 34, 1999.

_____. *A conexão planetária*. São Paulo: 34, 2001.

LIMA, Luiz Costa. *Teoria da cultura de massa*. São Paulo: Paz e Terra, 2000.

LIMA, Venício A. *Mídia: teoria e política*. São Paulo: Fundação Perseu Abramo, 2001.

LONJEKINE, Jean. *A revolução informacional*. São Paulo: Cortez, 2002.

MAFFESOLI, Michel. *O tempo das tribos*. Rio de Janeiro: Forense Universitária, 1998.

MARCONDES FILHO, Ciro. *Jornalismo fin-de-siècle*. São Paulo: Scritta, 1993.

MARTÍN-BARBERO, Jesús. *Dos meios às mediações*. Rio de Janeiro: UFRJ, 2003.

_____. Comunicação e cidade: entre meios e medos. *Revista Novos Olhares*, São Paulo, n. 1, 1998.

_____. *Ofício de cartógrafo*. São Paulo: Loyola, 2004.

MARTIN, Hans-Peter; SCHUMANN, Harald. *A armadilha da globalização*. Rio de Janeiro: Globo, 1998.

MATTELART, Michéle e Armand. *Histórias das teorias da comunicação*. São Paulo: Loyola, 2001.

MENDONÇA, Maria Luiza. Comunicação e cultura: um novo olhar. *Revista Novos Olhares*, São Paulo, n. 1, 1998.

MÉSZÁROS, István. *O século XXI: socialismo ou barbárie?* São Paulo: Boitempo, 2003.

OLIVEIRA, Francisco. *Passagem na neblina: classes sociais em mudança e a luta pelo socialismo*. São Paulo: Fundação Perseu Abramo, 2000.

ORTIZ, Renato. *A moderna tradição brasileira*. São Paulo: Brasiliense, 2001.

_____. *Mundialização e cultura*. São Paulo: Brasiliense, 2003.

PAULINO, Roseli A. Fígaro. *Comunicação e trabalho*. São Paulo: Anita, 2001.

RIBEIRO, Darcy. *O povo brasileiro*. São Paulo: Companhia das Letras, 1998.

RÜDIGER, Francisco. *Introdução às teorias da cibercultura*. Porto Alegre: Sulina, 2004.

SANTOS, Milton. *Técnica, espaço, tempo: globalização e meio técnico-científico informacional*. São Paulo: Hucitec, 1994.

_____. Da cultura à indústria cultural. *Folha de S. Paulo*, São Paulo, 19 mar. 2000. Caderno Mais!

SEVERINO, Antonio Joaquim. *Metodologia do trabalho científico*. São Paulo: Cortez, 2000.

SILVEIRA, Sérgio Amadeu. *Exclusão digital: a miséria na era da informação*. São Paulo: Fundação Perseu Abramo, 2001.

_____. *Poder no ciberespaço: o Estado-nação, a regulamentação e o controle da internet*. São Paulo: Tese de mestrado defendida na USP, 2000.

SODRÉ, Muniz. *Reinventando a cultura: a comunicação e seus produtos*. Petrópolis: Vozes, 1996.

SOUSA, Mauro Wilton. A recepção sendo reinterpretada. *Revista Novos Olhares*, São Paulo, n. 1, 1998.

_____. Práticas de recepção mediática como práticas de pertencimento público. *Revista Novos Olhares*, São Paulo, n. 3, 1999.

_____. (org.) *Sujeito, o lado oculto do receptor*. São Paulo: Brasiliense, 1995.

THOMPSON, John B. *Ideologia e cultura moderna*. Petrópolis: Vozes, 1995.

WILLIAMS, Raymond. *Cultura e sociedade*. São Paulo: Companhia Nacional, 1969.

_____. *Marxismo e literatura*. Rio de Janeiro: Zahar, 1979.

_____. *Cultura*. São Paulo: Paz e Terra, 2000.

WOLF, Mauro. *Teorias da comunicação*. Lisboa: Presença, 1987.

Impresso na gráfica da
Pia Sociedade Filhas de São Paulo
Via Raposo Tavares, km 19,145
05577-300 - São Paulo, SP - Brasil - 2009